# Kompost
## im Hausgarten

Heinz Abels · Joachim Jöstingmeier

# Kompost
## im Hausgarten
### herstellen und anwenden

Im FALKEN Verlag sind zahlreiche Bücher zum Thema Garten erschienen. Fragen Sie Ihren Buchhändler! Für den Umweltschutz im Alltag empfehlen wir darüber hinaus unsere Titel „Der Umweltfahrplan" (Nr. 1103) und „Der umweltfreundliche Haushalt" (Nr. 1178).

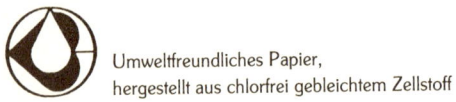

Umweltfreundliches Papier,
hergestellt aus chlorfrei gebleichtem Zellstoff

Die Deutsche Bibliothek – CIP-Einheitsaufnahme

**Abels, Heinz:**
Kompost im Hausgarten : herstellen und anwenden / Heinz Abels ; Joachim Jöstingmeier. – Niedernhausen/Ts. : FALKEN, 1992
(FALKEN Bücher) (FALKEN Bücherei)
ISBN 3-8068-1258-6
NE: Jöstingmeier, Joachim:


ISBN 3 8068 1258 6

© 1992 by Falken-Verlag GmbH, 6272 Niedernhausen/Ts.
Titelbild: Friedrich Strauss, Pflanzenfotografie; Au i. d. Hallertau
Zeichnungen: Almke Sickert, Nürnberg
Die Ratschläge in diesem Buch sind von den Autoren und vom Verlag sorgfältig erwogen und geprüft, dennoch kann eine Garantie nicht übernommen werden. Eine Haftung der Autoren bzw. des Verlags und seiner Beauftragten für Personen-, Sach- und Vermögensschäden ist ausgeschlossen.
Satz: DM-Service, Dagmar Mahncke, 6054 Rodgau 3
Druck: Wiesbadener Graphische Betriebe GmbH, Wiesbaden
Papier: chlorfrei geglättet Werkdruck der Papierfabrik Schleipen, Bad Dürkheim

817 2635 4453 6271

# Inhalt

# Vorwort

Die ökologische Abfallwirtschaft, und hier insbesondere die Kompostierung, hat in den letzten Jahren eine immer größer werdende Bedeutung zur Reduzierung unserer Müllberge erlangt. Viele Ansätze, die Kompostierung in hochtechnologisierten, industriellen Kompostfabriken zu betreiben, konnten sich nicht durchsetzen, so daß die Eigenkompostierung nach wie vor einen hohen Stellenwert hat und Maßnahmen zu ihrer Unterstützung mehr und mehr gefordert werden.

Entsprechend bietet heute jede Kommune, die etwas auf sich hält, eine Kompostberatung an. Gleichzeitig offeriert der Handel dem Käufer eine unüberschaubare Fülle von nicht immer notwendigen Kompostbedarfsartikeln, oftmals unter dem Deckmantel des Umweltschutzes.

Nicht allwissend, aber doch in der Kompostwirtschaft erfahren, möchten wir Sie mit diesem Ratgeber in dem Bestreben, Ihre Kompostanlage einzurichten oder eine bestehende „auf Vordermann zu bringen", unterstützen. Aus der Vielzahl der Kompostierverfahren haben wir einige Methoden ausgewählt, von denen wir meinen, daß sie relativ einfach und sicher zu handhaben sind.

Durch den Einsatz des schließlich so im Garten erzeugten Kompostes läßt sich ein Großteil der Chemikalien, Gifte und synthetischen Düngemittel (sofern sie überhaupt vonnöten sind) substituieren, also ersetzen, und der ökologische Kreislauf wieder schließen.

Wie dies geschehen kann, finden Sie im folgenden ausführlich beschrieben, wobei zunächst einige Grundlagen zum besseren Verständnis der Vorgänge im Boden und im Kompost erläutert werden. In diesem Zusammenhang, aber auch bei der Kompostpraxis tauchen immer wieder bestimmte Fachbegriffe auf. Um ein Nachschlagen zu erleichtern, wurden sie im „Kompost ABC" am Ende des Buches zusammengefaßt. Begriffe, die dort nochmals erklärt sind, erscheinen im Text *kursiv*.

Heinz Abels,
Joachim Jöstingmeier

# Einleitung

Der Begriff „Kompost" leitet sich von dem lateinischen Wort „componere" = zusammensetzen, zusammenstellen bzw. „compositum" = zusammengesetzt her. Die Verfahrensweise der Kompostierung ist aber wahrscheinlich noch älter als die Sprache, deren Vokabular ihr Name entstammt. In den alten Hochkulturen Südostasiens wurden bereits organische Reststoffe in Erdgruben, aber auch in oberirdischen Systemen nach bestimmten Regeln zu Humus verarbeitet. Im Gebiet des heutigen Nahen Osten wurden sogar Haushaltsabfälle getrennt und die organischen Rohstoffe kompostiert. Erst im späten Mittelalter taucht der Ausdruck „Kompost" in direktem Zusammenhang mit aeroben, das heißt unter Sauerstoffzufuhr ablaufenden *Rotteprozessen* auf. Mit der Entwicklung der Liebigschen „Mineralstofftheorie" um 1840, nach der Pflanzen auch in wässriger, mit Mineralstoffen versetzter Lösung ganz ohne Erde und Humus wachsen können, wurde der Kompostwirtschaft vorerst der Garaus gemacht. Unter dem Einfluß des von *Liebig* entwickelten Kunstdüngers wurden die intensiv bewirtschafteten Böden immer humusärmer. Die immer noch zwangsläufig anfallenden organischen Reststoffe verarbeitete man zumeist nach den verschiedenen Methoden der Mistwirtschaft. Auf die Vor- und Nachteile von Mist soll hier nicht weiter eingegangen werden. Nicht nur die nach der ersten Kunstdüngereuphorie wiedergewonnene Erkenntnis, daß der selbst erzeugte Kompost ein sehr guter Dünger und ein vorzügliches Bodenverbesserungsmittel ist, hat der Eigenkompostierung zu einer nie erwarteten Renaissance verholfen. Die eingangs erwähnten Müllberge spielen ebenfalls eine nicht geringe Rolle bei der großen Bedeutung, die der Kompostierung organischer Rest- (Roh-)stoffe wieder zugemessen wird. Heute kann fast jeder Bürger seinen Beitrag leisten und ca. 30 % seiner Abfälle dem Wirtschaftskreislauf wieder zuführen. Für diese Verwertung sind bis heute viele Konzepte und Verfahren erdacht und entwickelt worden, um dem einzelnen die für ihn geeignete Möglichkeit der Kompostierung anbieten zu können.

Grundsätzlich gibt es zwei verschiedene Vorgehensweisen:
➡ die Sammlung der organischen Küchen- und Gartenreststoffe in der sogenannten *Biotonne* und ihre Kompostierung an mehr oder weniger zentraler Stelle und
➡ die Eigenkompostierung.

Die beiden Varianten unterscheiden sich nicht nur in Bezug auf den Ort der Kompostierung, sondern auch oder vor allem durch die Qualität des jeweils erzeugten Kompostes.

Bei der Sammlung organischer Reststoffe in der Biotonne lassen sich zwar große Anteile des Hausmülls trennen (*separieren*), die gesammelten Rohstoffe weisen aber in der Regel viele Verunreinigungen auf. Da leider oft nach dem Motto „aus dem Auge – aus dem Sinn" gehandelt wird, finden sich bei der Leerung der Biotonne allerlei Fremdstoffe, die die Qualität des Kompostes stark herabsetzen, zum Beispiel, indem sie zu hohen Schwermetallgehalten führen. Bei der Eigenkompostierung hingegen obliegt es dem Bürger, seine organischen Reststoffe so zu sammeln, daß er nur die Sachen in seinem Kompost wiederfindet, die er tatsächlich auch wiederfinden möchte. Im folgenden seien kurz die wichtigsten Verfahren der Kompostierung vorgestellt.

# Industrielle Biomüllkompostierung

Von Müllfahrzeugen gesammelte Küchenreststoffe werden in fabrikartigen Kompostwerken angeliefert und dort über ein Labyrinth von Förderbändern geschickt, wo eine Nach- und Aussortierung der Fremdstoffe vorgesehen ist. Hierauf folgt zumeist eine Rottetrommel, in der die Reststoffe über Stunden gedreht und gemischt (homogenisiert) werden. Erst danach wird der Kompost in großen Hallen zu Mieten aufgesetzt, computergesteuert bewässert, belüftet und umgesetzt. Bei diesem Prozeß werden oftmals zugunsten der Erfordernisse der Verfahrenstechnik die für die natürliche Rotte so wichtigen biochemischen Vorgänge außer acht gelassen oder künstlich ersetzt. Die *Makrofauna*, wie zum Beispiel Regenwürmer, findet in industriell erzeugten Komposten erst gar keinen Zugang, ein „Leben im Kompost" kann sich hier nicht entwickeln.

# Grüngutkompostierung

Bei diesem Verfahren wird Grünschnitt aus Park- und Gartenanlagen zumeist in Absetzcontainern angeliefert. Je nach Betreiberphilosophie werden in der Regel nur absolut „sauber" vorsortierte Rohstoffe angenommen, die Kompostierung erfolgt im optimalen Mischungsverhältnis und möglichst naturnah, das heißt mit *Bodenschluß*. Ähnlich läßt sich auch mit Küchenreststoffen arbeiten. Diese Art zu kompostieren kommt der Eigenkompostierung noch am nächsten, mit dem Unterschied, daß größere Durchsatzmengen unter Zuhilfenahme von landwirtschaftlichen Gerätschaften verarbeitet werden. Das Endprodukt ist ein sauberer, qualitativ hochwertiger Kompost, für den es in der Regel auf dem Markt kaum Absatzschwierigkeiten gibt.

**9**

# Eigenkompostierung

Das ökologisch sinnvollste Verfahren ist sicherlich die Eigenkompostierung. Die Reststoffe brauchen nicht mit schweren LKWs kilometerweit zur Sammelstelle gefahren werden, und wer selbst kompostiert, weiß immer, welche Ausgangsstoffe seinem Kompost zugrunde liegen. Für umweltbewußte Gartenbesitzer sind dies – neben den vielseitigen Verwendungsmöglichkeiten des nützlichen „Endproduktes" – gute Gründe, ihre organischen Abfälle selbst zu verwerten. Da jedoch viele Menschen nicht über einen Garten verfügen, wurden Möglichkeiten und Konzepte erprobt, wie auch Bewohner von Großwohnanlagen, Hochhäusern oder zum Beispiel auch Seniorenheimen die vorteilhafte Eigenkompostierung praktizieren können. In Bielefeld und Zürich durchgeführte Pilotprojekte belegen, daß es auch in solchen Wohnsituationen möglich ist, im Rahmen einer Gemeinschaftskompostierung einen hervorragenden Kompost zu erzeugen, der dann in den umliegenden Grünanlagen ausgebracht wird. Aber selbst die Kompostierung im Keller, auf dem Balkon oder gar in der Wohnung sind heute kein Novum mehr. Viele Kommunen sehen mittlerweile für ihre Bürger eine Reduzierung der Abfallgebühren von bis zu 50 % vor, wenn – zum Teil neben der Zusage, abfallarm einzukaufen – auch selbst kompostiert wird. Oftmals geht dies mit der Verringerung des benötigten Müllbehältervolumens einher. Auch die Kosten für den Erwerb von Kompostiersystemen werden nicht selten von der Kommune teilweise oder sogar ganz erstattet.

**Zwei gute Gründe, organische Abfälle zu kompostieren: Der Hausmüll in der Tonne wird um etwa 30 % reduziert, die mit Kompost versorgten Gartenpflanzen gedeihen prächtig**

# Der Boden

Zum Verständnis der Vorgänge bei der Kompostierung und vor allem der günstigen Wirkung, die Kompost für die Gartenerde hat, ist es ganz nützlich, sich etwas mit dem Boden selbst zu beschäftigen und ihn näher kennenzulernen. Unsere Böden haben sich unter ständigen Einwirkungen von Wasser, Luft, Wind, Wärme und Kälte über Tausende von Jahren hinweg aus dem festen Gestein entwickelt. Durch diese verschiedenen Einflüsse ist aus dem einst unbelebten Gestein ein Lebensraum für tierische Organismen und Pflanzenwurzeln geworden. Der so entstandene Boden wird stetig durch biologische, chemische und physikalische Einflüsse weiter umgeformt. Dieses Einwirken auf den Boden bezeichnet man als Verwitterung. Da unsere Böden, von Moor- und Wattlandschaften einmal abgesehen, aus Gestein entstanden sind, bestehen sie in der Hauptsache aus mineralischen Teilen. Ebenso wichtig ist jedoch die organische Substanz eines Bodens, bei der es sich zum größten Teil um Humus handelt. Von Art, Menge und Zusammensetzung dieser festen Bestandteile hängt ab, wieviel Platz für Luft und Wasser im Boden bleibt, wie Wasser und Nährstoffe gespeichert werden und damit letztlich, wie gut Pflanzen gedeihen.

## Mineralische Bodenbestandteile

Als Ergebnis der natürlichen Einflüsse auf den Boden erhalten wir ein Produkt, das sich je nach Entstehungsgeschichte und Verwitterungsgrad aus mehr oder minder großen Körnern zusammensetzt. Diese mineralischen Bestandteile lassen sich nach Korngröße in Bodenskelett und Feinerde unterteilen. Das Bodenskelett umfaßt alle Einzelkörner mit einem Durchmesser von 2 mm bis 6 cm, also gröbere Bestandteile bis hin zu Steinen. Zur Feinerde gehören dementsprechend alle Einzelkörner mit einem Durchmesser von weniger als 2 mm. Die Feinerde wird weiter unterteilt in **Ton** (kleiner als 0,002 mm), **Schluff** oder **Silt** (0,002 bis 0,05 mm) und **Sand** (0,05 bis 2,0 mm). In den meisten Böden sind Körner aus allen drei Gruppen zu finden, der jeweilige Anteil an Sand, Schluff und Ton ist maßgebend für die Einteilung nach Bodenarten. Diese Zusammensetzung beeinflußt den Wasserhaushalt und die Bearbeitbarkeit des Bodens sehr stark. Je kleiner die Minerale sind, desto größer ist ihr Zusammenhalt, die sogenannte Bindigkeit.

Vereinfacht können den drei Gruppen bzw. Korngrößenfraktionen folgende Merkmale zugeordnet werden:

➡ **Sand** verhindert als „Verdünnungsmittel" eine allzu dichte Lagerung der Tonteilchen. Er erleichtert die Bodenbearbeitbarkeit („leichte" Böden), hat aber ein geringes Wasser- und Nährstoffhaltevermögen.

➡ **Schluff** zeigt eine recht günstige Wasserdurchlässigkeit, kann aber gleichzeitig Wasser so speichern, daß es pflanzenverfügbar bleibt. Außerdem sorgt er für eine gute Nachlieferung von Nährstoffen.

➡ **Ton** setzt sich aus einer Vielzahl kleinster Teilchen zusammen, die insgesamt eine große Oberfläche aufweisen. Dadurch kann er viel Wasser und Nährstoffe speichern. Wasser- und Nährstoffnachlieferung sind jedoch gering, ebenso die Wasserdurchlässigkeit. Man spricht hier auch von „schweren Böden".

Im Zusammenhang mit Ton und Sand wird häufig auch **Lehm** genannt. Lehm bezeichnet jedoch keine Korngröße, sondern eine Bodenart, in der Sand, Schluff und Ton in günstigem Verhältnis zueinander vorhanden sind.

**Unsere Böden haben eine lange Entstehungsgeschichte hinter sich. Unter dem Einfluß von Sonne und Niederschlägen setzte die Verwitterung des festen Ausgangsgesteins ein. So konnten sich allmählich Pflanzen ansiedeln, und mit ihnen zusammen Organismen, die im Boden ihren Lebensraum haben. Durch weitere Verwitterung, Tätigkeit der Bodentiere und Humusbildung entwickelte sich eine etwa 30–50 cm tiefe Bodenschicht aus mineralischen und organischen Teilchen, in der Pflanzenwurzeln Halt finden und aus der sie Wasser und Nährstoffe aufnehmen können. Auch der Mensch nimmt durch Bearbeitung und Nutzung Einfluß auf die Entwicklung von Böden**

# Nährstoffe im Boden

Ein Boden bringt zuerst einmal alle für das Pflanzenwachstum notwendigen Nährstoffe mit. Hierzu zählen die Hauptnährstoffe bzw. Hauptnährelemente Stickstoff (N), Phosphor (P), Kalium (K), Calzium (Ca), Magnesium (Mg), Schwefel (S) und die Spurenelemente Eisen, Mangan, Zink, Kupfer, Molybdän, Bor, sowie Chlor. In humusreichen Böden wird Stickstoff durch Zersetzung organischer Substanz dem Boden wieder zugefügt, ebenso ein Teil des Schwefels, der aber auch in Gesteinen enthalten ist. Die meisten anderen Nährstoffe sind hauptsächlich mineralischer Herkunft, Phosphor zum Beispiel entstammt dem *Apatit*. Durch Verwitterung werden diese Nährstoffe aus dem Gestein gelöst und stehen dann, günstige Umstände vorausgesetzt, den Pflanzen zur Verfügung. Eine ausgeprägte Unterversorgung des Bodens mit Nährstoffen zeigt sich im Garten in der Regel erst nach jahrelangem Anbau von Feldfrüchten ohne entsprechende Maßnahmen zur Bodenregeneration. Manche Pflanzen haben einen besonders hohen Nährstoffbedarf,

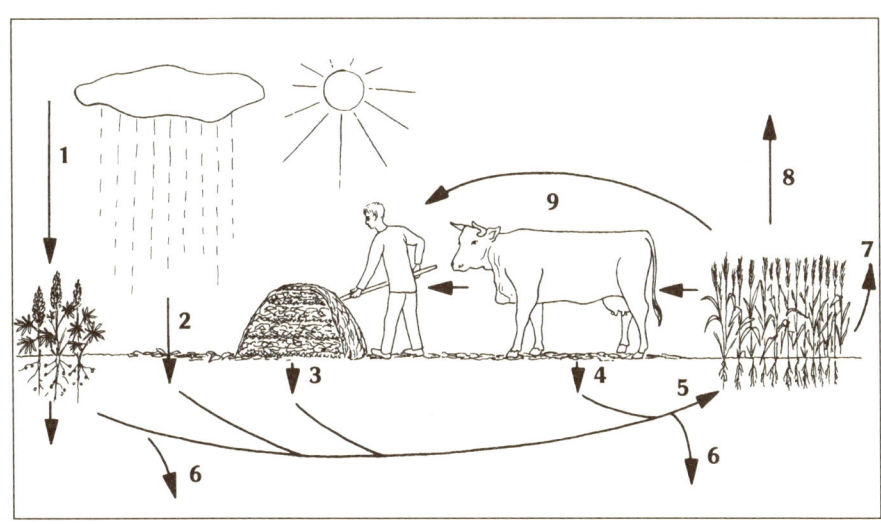

**Der Kreislauf des Stickstoffs (N) : N gelangt aus der Atmosphäre über stickstoffbindende Bakterien (1) und Niederschläge (2) in den Boden. Durch Kompostgaben (3) und Mulchen sowie durch tierischen Dünger (4) kann man Boden und Pflanzen (5) mit N versorgen. Ein Teil des N wird ausgewaschen (6), durch gasförmige Abgaben eines weiteren Teils in die Atmosphäre (7, 8) schließt sich der Kreislauf wieder. In Form des Nahrungseiweißes ergibt sich dazu noch ein „kleiner Kreislauf" Pflanze – Tier – Mensch (9)**

insbesondere Kohl und Gurken sind als Stickstoffzehrer bekannt. Eine Mangelerscheinung wird vom Gartenliebhaber meist zu spät festgestellt, da er selten die deutlichen Anzeichen im Aussehen der Pflanzen erkennt. Trotz aller anderslautenden Werbeaussagen kann man jedoch einen akuten Nährstoffmangel nicht in kurzer Zeit durch eine Bodendüngung (zum Beispiel mit *Blaukorn* oder gar Torf) wieder beheben. Eine schnelle Hilfe ist hier nur mit einer Blattdüngung möglich, indem eine Nährstofflösung gespritzt wird. Bei Bäumen muß sogar in Form einer sogenannten „Lanzendüngung" die Nährstofflösung durch Röhren direkt in den Wurzelbereich verabreicht werden. Besser ist es, einen langwirkenden Düngervorrat in Form von Kompost in das Pflanzloch zu geben. (Torf hat sich hierbei nicht bewährt, da er sich in diesen Bodentiefen zu schnell zersetzt. Außerdem ist seine Düngewirkung äußerst gering, obwohl er oft als „Düngetorf" angeboten wird.) Dadurch beugt man nicht nur kleinen Katastrophen wie akutem Nährstoffmangel vor, sondern tut grundlegend etwas für die Bodenfruchtbarkeit.

Lassen sich die Probleme durch Ausbringen von Kompost nicht mehr lösen, so gibt es verschiedene Möglichkeiten einer gezielten Düngung, ohne daß gleich zu Blaukorn und anderen problematischen mineralischen Düngern gegriffen werden muß. Nachfolgend zwei Maßnahmen, um eine Unterversorgung mit den wichtigsten Hauptnährstoffen zu beheben:

➡ Wenn gelbe Blätter und schwacher Wuchs auf Stickstoffmangel hinweisen, kann man mit Brennesseljauche Abhilfe schaffen: Brennesselschnitt (1 kg frische Blätter auf 10 l) in einer Wassertonne 10 Tage kalt gären lassen; dann die Jauche 1:10 verdünnt (!) sofort ausbringen, da sie nach drei Tagen ihre Wirkung verliert.

➡ Wenn – zum Beispiel bei einer Bodenuntersuchung – Phosphor- und Kaliummangel festgestellt wurde, nur schwer lösliche Mineraldünger anwenden (Thomasmehl, Kalimagnesia). Solche Düngemittel setzen die Nährstoffe langsam frei (Depotdünger), was für das Bodenleben immer vorteilhafter ist. Es handelt sich allerdings um eine Maßnahme, die erst mittelfristig Wirkung zeigt.

Die Humusversorgung des Bodens hat man hingegen nur durch das Ausbringen von Kompost und andere die Fruchtbarkeit erhaltende Mittel (Kalkung, Gründüngung, Zuführung von Humusdüngern wie Stallmist und Rindenkompost) im Griff, also durch die Aktivierung des Bodenlebens. Kunstdünger können dies nicht leisten.

Die Frage „Wieviel Dünger braucht der Boden?" wird leider bisher immer noch häufig mit der Faustregel, daß ein Zuviel des Guten schon nicht schaden werde, beantwortet. Eine Überdüngung oder der Einsatz des falschen Düngers (zum Beispiel Blaukorn, Torf) bewirken aber oft sogar das Gegenteil, nämlich eine Verschlechterung der Bodenqualität.

# Was ist eigentlich Humus?

Im Boden leben nicht nur die Wurzeln von Garten- und Wildpflanzen, sondern auch unzählige Bodentierchen, Pilze und Algen, die unter dem Begriff „Bodenleben" zusammengefaßt werden. Wurzeln und Bodenleben machen etwa 15 % der organischen Bodenbestandteile aus, der Rest ist abgestorbene Substanz. Diese mehr oder weniger stark zersetzten Rückstände von Pflanzen und Tieren bezeichnet man als Humus, der im Boden in verschiedenen Formen vorliegt.

In der Landwirtschaft und im Gartenbau wird nur zwischen Nährhumus und Dauerhumus unterschieden. In der obersten Bodenschicht findet sich unter der Streu ein Gemenge aus noch unvollständig zersetzten organischen Resten von dunkler Farbe. Der **Dauerhumus** ist darin der schwer zersetzbare Anteil, der die physikalischen Bodeneigenschaften (*Krümelstruktur*) verbessert. Wie ein Schwamm hält er Wasser und Nährstoffe fest, gibt sie nur allmählich frei und garantiert so eine nachhaltige Bodenfruchtbarkeit (Funktion als *Sorptionsträger*). Das Entscheidende am Dauerhumus ist, daß er zusammen mit mineralischen Bodenbestandteilen *Ton-Humus-Komplexe* bilden kann. Sie zerfallen nicht so schnell wie andere „Bodenkrümel" und können auch weit mehr Wasser und Mineralstoffe an ihrer Oberfläche binden (*„Depotschwamm"*). Ein Boden, der reich an Ton-Humus-Komplexen ist, wird im Herbst kaum durch Regenfälle verdichtet und zeigt daher auch im darauffolgenden Frühjahr ohne große Bodenbearbeitung eine gute Durchlüftung.

Der **Nährhumus** hingegen wird rasch abgebaut und liefert dadurch den Bodenorganismen die Gerüstsubstanzen (Kohlenstoff) und die wichtigsten Nährstoffe (N, P, K, Mg und Ca) für Wachstum und Vermehrung.

Humus kann aber auch von schlechter Qualität sein, nämlich dann, wenn er einen niedrigen *pH-Wert* hat. Unter diesen Bedingungen kann es trotz eines hohen Dauerhumusgehaltes zu einer Nährstoffauswaschung kommen.

Die Entwicklung von abgestorbener organischer Substanz zu Humus vollzieht sich

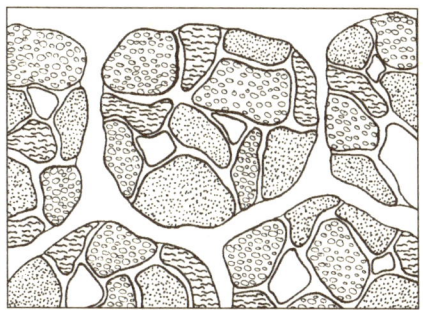

**Die Bodenorganismen verkitten organische und mineralische Bodenbestandteile zu stabilen Krümeln. Es entsteht eine äußerst günstige Krümelstruktur mit guter Verteilung luft- und wasserführender Poren**

☐ = **mineralische Substanz**

▨ = **Humus**

▤ = **Organismen**

in jedem Boden, auch ohne unser Zutun. Sie kann allerdings gefördert oder – durch falsche Bodenbehandlung und Düngung – gehemmt werden. Stärker beeinflußbar ist dieser Vorgang beim Kompostieren, bei dem auf engstem Raum dieselben Prozesse stattfinden, die zur Humusbildung im Boden führen. Als Ziel einer Kompostierung gilt im allgemeinen die „Vererdung" zu Feinhumus.

# Testverfahren für die Bodenqualität

Aufwendige chemische Bodenanalysen sind, abgesehen von einer Gartenneuanlage, nur in Ausnahmefällen notwendig, und dann nur im Abstand von mindestens 3 Jahren. Einfacher und schneller gibt das aufmerksame Beobachten von Boden, Pflanzen und Tieren Auskunft; ein Verfahren, das etwas Übung und einige Kenntnisse erfordert, sich aber bald bezahlt macht. Spezielle Zeigerpflanzen weisen auf bestimmte Bodenarten und Nährstoffverhältnisse hin. Diese Zusammenhänge sind bereits in vielen Gartenbüchern beschrieben und sollen hier nicht näher erläutert werden. Mangelerscheinungen lassen sich zum Beispiel an charakteristischen Verfärbungen der Blätter ablesen. Ausführlicher sei statt dessen die ebenso wirksame wie noch weitgehend unbekannte Methode vorgestellt, durch die Beobachtung der tierischen Lebewesen im Boden etwas über

dessen Zustand zu erfahren. Tiere haben ebenso wie Pflanzen ihre besonderen, arteigenen Umweltansprüche, und einige können überhaupt nur in einem ganz bestimmten Milieu leben, für das ihr Auftreten typisch ist. Solche Tiere nennt man deshalb „Zeigerorganismen" oder „Bioindikatoren". Zur Bestimmung der in der Bodenstreu lebenden Tiere kann ein auch für den Laien leicht zu lesendes Bestimmungsbuch zu Rate gezogen werden. Als „Handwerkszeug" dienen weiterhin eine 10fach vergrößernde Klapplupe, ein kleiner Haarpinsel und eine feine Federstahlpinzette zum Aufnehmen der Tiere.

## Bodentiere als Indikatoren

Noch sind die Zusammenhänge zwischen Bodenqualität und Zeigerorganismen nur lückenhaft bekannt, mit einer Präzisierung und Weiterentwicklung in den nächsten Jahren ist jedoch zu rechnen. In der folgenden kurzen Zusammenstellung sind all die Tiere nicht berücksichtigt, die als Bioindikatoren für bestimmte Chemikalien dienen (sie speichern diese in ihrem Körper, von dem dann chemische Analysen gemacht werden).

## Tiere als Zeigerorganismen für den Bodenzustand

| Gruppe | Zeigerorganismen | Anzeichen für |
|---|---|---|
| 1 | Erdläufer fehlen in der Bodenstreu; Überwiegen der sehr kleinen Springschwänze | Verdichtung und zuwenig Bodenporen, durch die Wasser versickern oder weitergeleitet werden kann |
| 2 | Überwiegen von Hornmilben, die sich zusammenkugeln können (z. T. Auftreten mit Zeigerorganismen der Gruppe 1) | Verdichtung und ungünstige *Krümelstruktur* an der Oberfläche durch Wechsel von Vernässung und starker Austrocknung (mangelnde *Schattengare*) |
| 3 | viele Erdläufer, Raubmilben, Steinkriecher; diese leben räuberisch von Springschwänzen, Fliegen- und Mückenlarven | sehr gute Humusproduktion im Boden, gutes Porensystem, dadurch günstige Wasserführung |

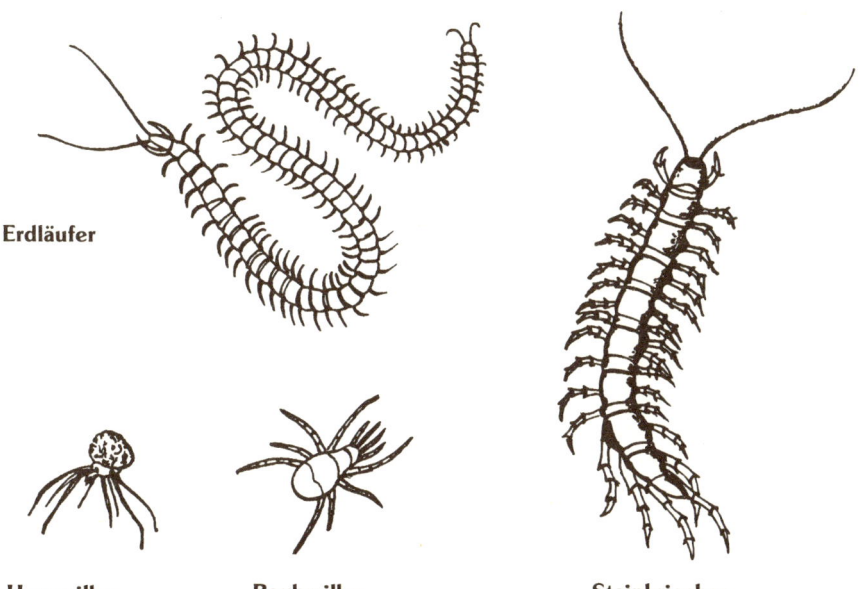

Erdläufer

Hornmilbe     Raubmilbe     Steinkriecher

## Tiere als Zeigerorganismen für den Bodenzustand

| Gruppe | Zeigerorganismen | Anzeichen für |
|---|---|---|
| 4 | häufigeres Auftreten von Bandfüßern (Polydesmidea) | optimale Humusversorgung; kaum Bodenbearbeitung, die das Porensystem verdichtet |
| 5 | Überwiegen von Schildkrötenmilben | organische Substanz im Humus ist stark zersetzt und feucht („fließender Humus"); es wurde evtl. ein organischer Dünger mit zu hohem Ammoniakgehalt verwendet; solche Dünger enthalten zudem manchmal sehr viele Fadenwürmer, die den Schildkrötenmilben als Nahrung dienen |
| 6 | Springschwänze und Raubmilben stark vermindert | Stickstoffüberdüngung (durch Gülle oder unreifen Mistkompost) |
| 7 | Fehlen von Schnurfüßern (Juliadea) | Phosphatmangel und Stickstoffüberdüngung |

Bandfüßer

Springschwanz

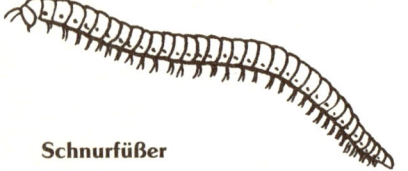

Schnurfüßer

Schildkrötenmilbe

## Abschätzen des Humusgehaltes

Der Humusgehalt läßt sich über eine andere Methode der Bodenanalyse ermitteln, nämlich durch die Sichtkontrolle des Bodenprofils. Als Bodenprofil bezeichnet man die Aufeinanderfolge der verschiedenen Schichten eines Bodens. Dies kann als Ganzes nur mit recht aufwendigen Maßnahmen sichtbar gemacht werden. Zum Abschätzen des Humusgehaltes genügt ein Aufgraben der obersten 30–40 cm oder eine entsprechend tiefe Entnahme einer Scholle mit dem Spaten. Bei guter Humusversorgung zeigen die obersten Bodenschichten von Sandböden eine tiefbraune bis schwarze Farbe, Ton- und Lehmböden hingegen sind dann in diesem Bereich dunkelgrau bis dunkelbraun.

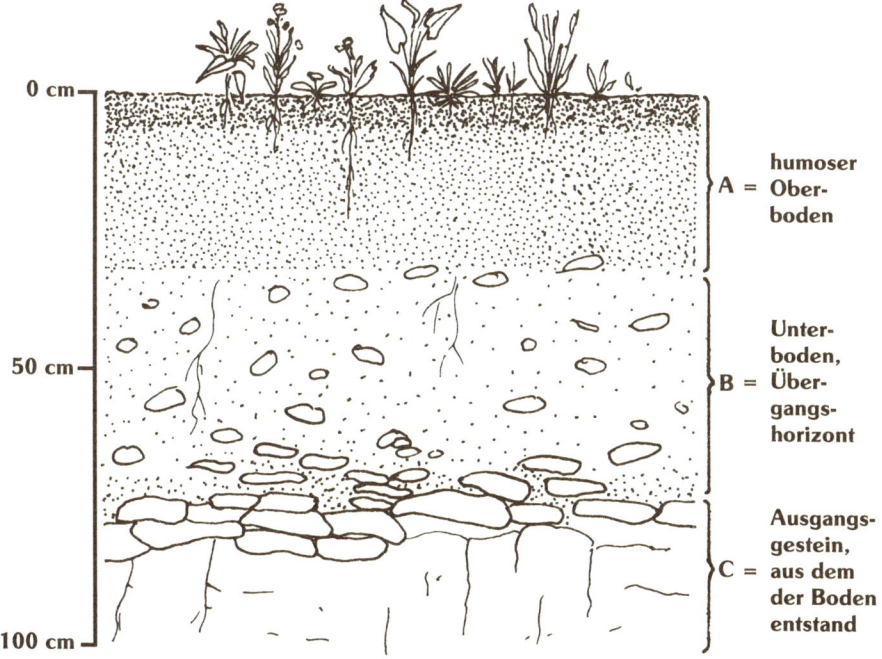

**Gräbt man einen Boden bis etwa 1 m Tiefe auf, wird eine Aufeinanderfolge verschiedener Schichten bzw. Horizonte sichtbar. Diese variiert je nach Ausgangsgestein, Entstehung und Entwicklungszustand des Bodens. Bei vielen Böden ist die hier vereinfacht dargestellte Schichtung von A-, B- und C-Horizont erkennbar. Ein tief reichender, dunkel gefärbter A-Horizont weist auf eine gute Humusversorgung hin**

# Vorgänge und Leben im Kompost

Sobald eine gewisse Menge an Gartenabfällen locker aufgeschichtet wird, sind verschiedene Reaktionen zu beobachten. Das Material erwärmt sich zunächst sehr stark und verliert im Laufe der Zeit deutlich an Volumen. Dieser Prozeß wird als **Rotte** bezeichnet und läßt sich in drei Phasen unterteilen. Doch zunächst noch einige Worte zum Rotteprozeß als Ganzes. Unter dem Begriff Rotte versteht man den Umbau- bzw. Abbau von organischer Masse bei Anwesenheit von Sauerstoff (also unter aeroben Bedingungen). Als Endprodukt erhalten wir ein nach Waldboden riechendes, erdiges Material. Für das Leben der Organismen, die diese Umwandlung bewerkstelligen, sind eine ausreichende Sauerstoffversorgung sowie ein genügender Feuchtegehalt lebenswichtig und unabdingbar.

## Die Rottephasen

Die Zersetzung wird in Abhängigkeit von den jeweils entstehenden Temperaturen in drei Phasen untergliedert. In der **Abbauphase** (thermophile Phase) erwärmt sich der Kompostkern auf 40–60 °C. Zu dieser Zeit zersetzen in erster Linie Bakterien, Strahlenpilze (Aktinomyzeten) und echte Pilze die Pflanzenreste. Hauptsächlich werden Eiweiße und Kohlenhydrate abgebaut. Organische Säuren können von diesen Mikroorganismen noch nicht verwertet werden, deshalb sinkt der *pH-Wert*, der Kompost wird leicht sauer.

Nach weiterem Temperaturanstieg kommt es zu einer Änderung im Artenspektrum der Bodenbakterien. Hitzeempfindliche Arten sterben ab und werden ebenfalls zersetzt. Die oberste Temperaturgrenze, die durch biologische Tätigkeit erreicht werden kann, liegt bei etwa 75 °C. Höhere Temperaturen sind auf besondere chemische Reaktionen zurückzuführen und sollten besonders sorgfältig beobachtet werden. Es besteht die Gefahr der Selbstentzündung, insbesondere, wenn größere Mengen an Grasschnitt kompostiert werden.

Nach Abklingen der heißen Phase (ca. ab dem 5. Rottetag) werden auch schon pflanzliche Gerüststoffe wie Cellulose abgebaut. Durch diesen Abbau kommt es zu einem starken Volumenverlust und damit zum Einsacken der Kompostmiete. Bei ungünstigem bzw. engem *C/N-Verhältnis* (Verhältnis von Kohlenstoff zu Stickstoff in der Miete) geht in dieser schnellen Umsetzungsphase zwangsläufig Stickstoff in Form von Ammoniakgas in die Atmosphäre verloren. Nun folgt (2 bis 5 Wochen nach Aufsetzen der Miete) die eigentliche **Umbauphase** (mesophile Phase), gekennzeichnet durch einen Temperaturabfall auf etwa 40–25 °C. Während die Mikroorganismen zuerst nur die aus Pflanzenresten ausgewaschenen Nährstoffe nutzen konnten, helfen ihnen jetzt größere Bodentiere, vor allem die Springschwänze, die Struktur der Pflanzenabfälle direkt zu bearbeiten. In dieser Phase zeigen sich die ersten sichtbaren Zerfallserscheinungen an den Pflanzenteilen.

Mit zunehmendem Temperaturabfall setzt die dritte, die sogenannte **Reifephase**

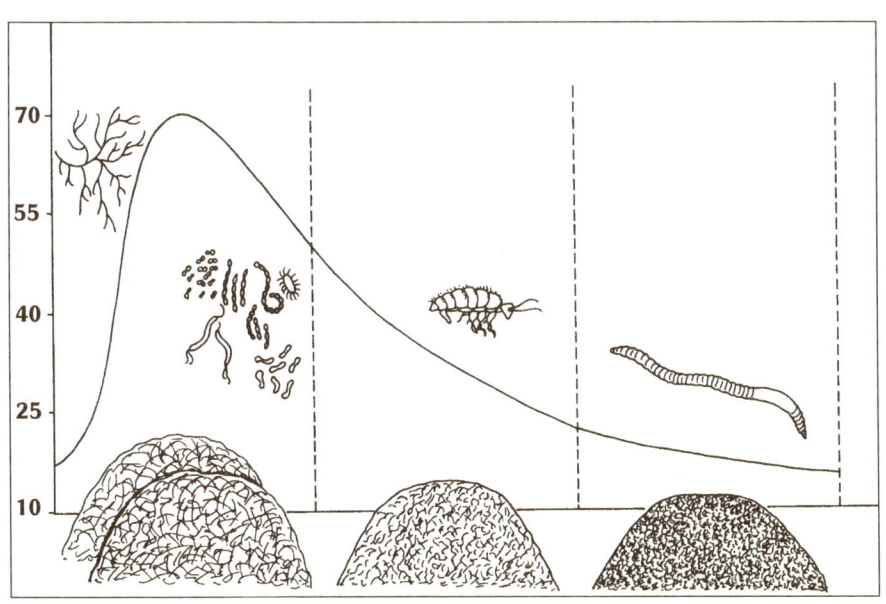

**Abbauphase:**
starke Erwärmung, danach Einsacken der Miete; vorwiegend pflanzliche Mikroorganismen

**Umbauphase:**
allmählicher Temperaturabfall; viele Springschwänze; sichtbarer Zerfall der Pflanzenreste

**Reifephase:**
weiterer, langsamer Temperaturabfall; zunehmende Regenwurmtätigkeit; Vererdung des Materials

(Aufbauphase) ein. Erst jetzt besiedelt die *Makrofauna* in großer Zahl den Kompost, da diese Organismen in der Regel nur bei Temperaturen unter 40°C lebensfähig sind. In der Übergangszeit zwischen Umbauphase und Reifephase siedeln sich zuerst die Milben an, etwas später folgen dann die schon in geringen Mengen vorhandenen Springschwänze und schließlich größere Tiere wie Käferlarven. Jetzt ist auch der Zeitpunkt gekommen, an dem die ersten Regenwürmer in den Kompost einwandern. Hier ist hauptsächlich der flach grabende Kompostwurm (Eisenia foetida) vertreten. In der Endphase der Verrottung zerlegen Regenwürmer, Springschwänze, Milben und ihre Larven das Rottegut immer weiter. Asseln und Tausendfüßer beginnen die Pflanzenreste zu skelettieren und vermischen bereits fertigen Humus mit noch unzersetztem Pflanzenmaterial. Die Regenwürmer, Schnurfüßer und Fliegenlarven scheiden die für die Bodenfruchtbarkeit so wichtigen *Ton-Humus-Komplexe* aus.

Eine solche Lebensgemeinschaft der Humusproduzenten im Komposthaufen kann nur als vernetztes System funktionieren. Für den ungestörten Ablauf dieser Prozesse ist es nicht nur wichtig, daß die „Zutaten" richtig vorbehandelt und ausgewählt wurden, sondern auch, daß es nicht zu einer Anhäufung von schädlichen Substanzen kommt. Als ein Beispiel soll an dieser Stelle nur das Ammoniak genannt werden, das beim Kompostieren stickstoffreichen Materials entstehen kann und als Regenwurmgift bekannt ist.

Die Dauer der einzelnen Rottephasen hängt stark vom Ausgangsmaterial ab. Strukturarme Reststoffe wie Küchenabfälle lassen sich recht schnell kompostieren. Hier rechnet man mit etwa 2 bis 5 Wochen für die Abbauphase, 2 bis 5 Wochen für die Umbauphase und 6 bis 14 Wochen für die Reifephase. Wenn dagegen der Anteil an verholztem Material hoch ist, gelten folgende Richtwerte: Abbauphase 3 bis 5 Wochen, Umbauphase 2 bis 3 Monate, Reifephase 6 bis 8 Monate.

# Kompostierbare Reststoffe

Grundsätzlich ist jedes organische Material kompostierbar. Hiermit sind allerdings nicht die Produkte der Chemieindustrie gemeint, denen als Ausgangsmaterial organische Stoffe zugrunde liegen, wie es zum Beispiel bei der Plastiktüte der Fall ist. Für eine Kompostierung kommen nur Materialien in Frage, die durch biologische Prozesse abgebaut werden können. Aber auch bei diesen Stoffen gibt es Einschränkungen. Da der fertige Kompost später wieder im Garten eingesetzt werden soll, ist beispielsweise einer möglichen Belastung durch Schwermetalle oder andere Verunreinigungen besondere Aufmerksamkeit zu schenken.

## Vorbehandlung der Ausgangsmaterialien

Eine Vielzahl der anfallenden Stoffe kann ohne eine weitere Vorbehandlung kompostiert werden. Hierzu zählen die **Reststoffe aus der Küche** und alle „weichen" **Gartenabfälle**. Verholztes Material, wie **Schnittgut** von Hecken, Sträuchern, Bäumen und Stauden, sollte vorher zerkleinert werden. Solche Ausgangsstoffe lassen sich zwar auch unzerteilt in fruchtbaren Humus verwandeln: diese Methode wendet die Natur in jedem noch einigermaßen intakten Wald an. Allerdings dauert es relativ lang, bis die Mikroorganismen Strauch- oder Baumschnitt soweit zerkleinert haben, daß der entstandene Kompost verwendungsfähig ist.

Für die Vorzerkleinerung der Gartenabfälle gibt es Geräte mit zwei verschiedenen Funktionsweisen. Die eine Variante arbeitet ähnlich wie ein Futterschneider: Buschhacker, auch Häcksler genannt, schneiden das Material über ein rotierendes Messer in kleine Abschnitte. Die so entstehenden Hackschnitzel von 2–5 cm Länge nennt man Holzhäcksel. Dieses Material wird aufgrund seiner recht einheitlichen Größe und Beschaffenheit auch gerne als Mulchmaterial verwendet. Die andere Möglichkeit ist der Einsatz eines Shredders. Ein solches Gerät arbeitet nach dem Prinzip einer *Hammermühle*. Das Material wird nicht geschnitten, sondern langfaserig aufgerissen und so eine um ein Vielfaches größere Angriffsfläche für die Mikroorganismen geschaffen.

Der Erwerb bzw. die Auswahl eines sogenannten Gartenhäckslers wird sich aufgrund der Angebotsvielfalt als nicht ganz einfach erweisen. Die Preise der angebotenen Maschinen bewegen sich zwischen 300 DM und 6000 DM. Nach eigenen Erfahrungen sind die Geräte der unteren Preisklasse wegen ihrer umständlichen Handhabung und geringen Leistung weniger zu empfehlen. Vor der Anschaffung eines solchen Gerätes sollte überlegt werden, ob sich dies generell lohnt. Versuchen Sie zu ermitteln, welche Mengen an zu zerkleinernden Gartenabfällen bei Ihnen anfallen, und denken Sie vor allem auch an die Stärke der Äste. Die Herstellerangaben zur maximalen Verarbeitungsstärke eines Gerätes sind mit Vorsicht zu genießen: So lassen sich bei einer Angabe von 3,5 cm lediglich gerade Rundhölzer dieser Stärke problemlos verarbeiten. Da die Natur aber in den seltensten Fällen gerade Rundhölzer produziert, sondern eher verbogene Äste und Zweige mit Knorpeln und Seitenzweigen, könnte es passieren, daß Sie zu Hause schnell eine große Enttäuschung erleben. Leihen Sie sich, wenn möglich, das Gerät Ihrer Wahl zunächst beim Händler oder bei Bekannten für einen „Probelauf" aus, bevor die Kaufentscheidung fällt. Eine günstige Lösung wäre auch ein Gemeinschaftskauf mit Gartennachbarn, denn schließlich wird ein Häcksler oder Shredder nur wenige Tage im Jahr benötigt.

Neben der Leistungsfähigkeit sollte man bei der Auswahl noch einen weiteren Gesichtspunkt berücksichtigen: In Marktuntersuchungen werden bei Geräten dieser Art immer wieder Sicherheitsmängel festgestellt, auch in der gehobenen Preisklasse. Nicht zuletzt ist der Betrieb solcher Geräte immer mit einer größeren Lärmbelästigung verbunden.

Eine kostengünstige Alternative zum Erwerb einer Zerkleinerungsmaschine ist die Inanspruchnahme eines Dienstleistungsunternehmens, das einen Häckselservice anbietet. Lohnunternehmen dieser Art haben sich mittlerweile in vielen Städten etabliert und arbeiten mit wirklich leistungsfähigen Maschinen. Verlangt werden hier derzeit etwa 75–90 DM in der Stunde (inkl. Bedienung) für ca. 15 m³ Baumschnitt (Stand 1992). Bei einem solchen Angebot können Sie sich Ihre Gartenreststoffe für den Gegenwert eines selbstangeschafften Gerätes 10 Jahre lang verarbeiten lassen und brauchen sich dabei um nichts zu kümmern (Reparaturen, Wartung, Ausfallrisiko).

**Laub**, nicht verholzter **Heckenschnitt** und andere leichte Materialien können auch mit einem Rasenmäher zerkleinert werden. Man breitet dazu das Schnittgut auf dem Boden aus und fährt einfach mit dem Mäher darüber. Hierbei sollten Sie darauf achten, daß keine Steine oder kleinen Holzstücke wegfliegen können, die sich in der Nähe aufhaltende Personen gefährden. Hinzugefügt sei allerdings, daß diese Methode wegen der starken Beanspruchung des Rasenmähers nicht unbedingt mit neuen Geräten durchgeführt werden sollte.

# Kompostrohstoffe – genauer betrachtet

Die nachfolgend genannten Ausgangsstoffe lassen sich in zwei Gruppen unterteilen, nämlich in strukturreiche und strukturarme Materialien.

## Strukturreiche Materialien

➡ Baumschnitt:
Fingerdicke und stärkere Äste sind vor der Kompostierung zu zerkleinern. Baumrinde sollte nur in Maßen zugegeben werden, da sie den pH-Wert absenkt und die Hauptnährstoffe Kalium und Calzium in sehr geringen Mengen enthält.

➡ Heckenschnitt, Stauden- und Blumenreste (zum Beispiel Sonnenblumenstengel), Kohlstrünke, verholzte Gartenabfälle allgemein:
Diese Stoffe sollten mit einem Gartenhäcksler (falls vorhanden) zerkleinert werden, notfalls kann dies auch mit einem Rasenmäher geschehen. Das Material sollte aber nicht zu dick sein, sonst könnte der Mäher Schaden nehmen.

➡ Laub und Koniferennadeln:
Das Laub unserer Bäume ist als Kompostmaterial unterschiedlich zu bewerten. Die Blätter von Pappel, Kastanie, Nuß, Birke und Eiche enthalten sehr viele Gerbstoffe. Fichtennadeln sind schwer abbaubar, da sie einen wachsartigen Überzug haben. Bei großen Zugaben führen die Blätter von Nadel-

**Laub, kräftige Blumen- und Gemüsestengel sowie nicht verholzten Heckenschnitt kann man mit dem Rasenmäher vorzerkleinern**

bäumen zu einer Versauerung des Kompostes. Den Blättern aller Baumarten gemeinsam ist der hohe Kohlenstoff- und der geringe Stickstoffanteil. Sie sollten auf jeden Fall mit Stickstoffträgern, wie sie bei den strukturarmen Stoffen zu finden sind, gemischt werden (s. a. „Mulchen" „Sonderkomposte").

## Strukturarme Materialien

Zu den strukturschwachen, oft stickstoffreichen Materialien zählen vor allem Küchenreststoffe und der Rasenschnitt.

**Rasenschnitt** läßt sich problemlos mitkompostieren, wenn einige einfache Regeln beachtet werden. Heutzutage werden die meisten Rasenflächen mit dem Benzin- oder Elektromäher geschnitten. Das Resultat ist ein sehr kurzer, oft feuchter Rasenschnitt, der bei Aufeinanderhäufen zum Verkleben neigt. Die einfachste Methode,

**Zum Kompostieren ungeeignet:**
- Plastiktüten, Verpackungen, Milchpackungen
- Leder und Gummi
- Staubsaugerbeutel
- Metall, Glas, Bastelabfälle
- Korken
- behandeltes Holz
- Chemikalien (Farben, Reinigungsmittel)
- Bauschutt
- Tonscherben
- Straßenkehricht
- Altpapier (v.a. farbig bedrucktes)
- Zigarettenkippen

**Geeignete Kompostmaterialien:**
- Obst-, Eier- und Nußschalen
- Gemüseabfälle
- Kaffeefilter, Kaffee- und Teesatz
- Baum- und Heckenschnitt
- Blumenreste, verblühte Schnittblumen
- Rasenschnitt
- Laub
- Stroh
- Mist
- Kleintiermist und -streu
- Blumenerde

diese Verdichtung zu vermeiden, besteht darin, den Rasenschnitt einen Tag auf der gemähten Fläche anwelken zu lassen. Eine andere Möglichkeit ist das Mischen mit Strukturmitteln wie Laub und zerkleinertem Baumschnitt. Das so vorbehandelte Gras sollte in Schichten von nicht mehr als 5 – 10 cm Stärke auf den Kompost gegeben werden. Danach folgt wieder eine Schicht aus Laub oder einem anderem Strukturmittel.

Bei **Küchenabfällen** handelt es sich je nach Haushaltsgröße und Lebensgewohnheiten um eine sehr große Fraktion. Es fallen hier die unterschiedlichsten Ausgangsstoffe an, angefangen beim Frühstück, bei dem Kaffeesatz, Teebeutel, Eier- und Obstschalen, Müslireste und vieles mehr übrigbleiben. Aber auch das Zubereiten anderer Mahlzeiten führt nicht nur zu mehr oder minder schmackhaften Speisen, sondern auch zu ansehnlichen Mengen an Kompostrohstoffen.

Schalen der verschiedensten Obstarten, von Zwiebeln, Lauch und anderem Gemüse sowie Schalen der Südfrüchte lassen sich gut zu Humus verarbeiten. Zu den eventuell anhaftenden oder enthaltenen Spritzmitteln sei angemerkt: Immer mehr Untersuchungen kommen zu dem Ergebnis, daß die einzelnen Chemikalien entweder biologisch abgebaut oder an die Atmosphäre abgegeben werden. Um ganz sicherzugehen, ist es bestimmt am besten, nur ungespritztes Gemüse und Obst zu essen. Das schmeckt zudem besser und ist gesünder.

Kaffeesatz, Teeblätter (bei Teebeuteln die Klammern entfernen), Zwiebelschalen und Lauchreste gelten als Lieblingsfutter der Kompostwürmer. Eierschalen sollten vor dem Kompostieren zur Beschleunigung der *Rotte* zerdrückt werden. Auch Nußschalen, eigentlich eher den strukturreichen Materialien zurechenbar, können auf den Kompost, brauchen aber zum Verrotten etwas länger.

Abgesehen davon sind Küchenabfälle wie Grasschnitt strukturarme Stoffe und neigen wie diese dazu, im Kompost zu verkleben. Es ist daher notwendig, sie mit trockenem Laub oder *Holzhäcksel* zu mischen. Auch ansonsten gelten für das Behandeln der Küchenabfälle die beim Rasenschnitt genannten Empfehlungen.

Achten Sie darauf, daß Sie die einzelnen Schichten immer locker auftragen und daß Küchenabfälle abgedeckt sind, da sonst Fliegen angezogen werden.

Will man Speisereste und Knochen mitkompostieren, müssen sie in die Mitte des Komposthaufens gegeben werden; andernfalls wird der Kompostplatz für Hunde, Katzen, Mäuse oder Ratten äußerst interessant. Abfälle dieser Art liefern Nährstoffe, erhöhen aber unter Umständen auch den Salzgehalt des Kompostes. Bei hohen Anteilen an solchen Reststoffen sollte der Kompost deshalb nicht als Aussaaterde Verwendung finden.

Verschimmelte Küchenabfälle dürfen auf den Kompost gelangen, müssen dann jedoch dünn ausgebreitet und mit Laub oder Holzhäcksel abgedeckt werden.

**Tierische Abfälle** sind eine Bereicherung für jeden Kompost, da nährstoffreich und aüßerst schnell verrottend. Kleintiermist muß mit kohlenstoffhaltigem Material gemischt werden, damit ein günstiges *C/N-Verhältnis* entsteht. Hundekot läßt sich ebenso verwenden, ist aber wohl eher gewöhnungsbedürftig. Kot von Katzen dagegen darf auf keinen Fall kompostiert werden, sondern sollte im normalen Hausmüll landen, da er viele Krankheiten übertragen kann. Haare sind stickstoffhaltig und gut kompostierbar.

**Papier und Pappe** ist in geringen Mengen verwendbar. Wegen einer möglichen Schadstoffbelastung des Kompostes ist jedoch vor allem von farbig bedrucktem Material abzuraten. Nicht zuletzt sind diese Stoffe in der Altpapiersammlung besser aufgehoben und können auf diese Weise einem Recycling zugeführt werden.

Ein weiterer umstrittener bzw. problematischer Kompostrohstoff ist **Asche**. Sie enthält einerseits größere Mengen an Nährstoffen, andererseits aber auch fast immer Schwermetalle

## Problematische Kompostrohstoffe

**Samentragende Wildkräuter** gehören in die Mitte des Komposthaufens, da dort die zur Sterilisierung der Samen nötigen Temperaturen erreicht werden.

Wenn Pflanzen mit pilzlichen oder bakteriellen **Krankheiten** befallen sind, ist grundsätzlich Vorsicht geboten: Von einer sicheren Abtötung der Erreger im Kompost kann man nicht in jeden Fall ausgehen. Zwar gibt es Schadpilze wie die Erreger des Echten Mehltaus, die auf totem organischem Material und damit im Kompost nicht lebensfähig sind – für solch eine Differenzierung ist jedoch eine genaue Kenntnis der Pflanzenkrankheiten nötig. Mit Schädlingen wie Blattläusen oder Milben befallene Pflanzenteile kann man dagegen unbedenklich kompostieren.

## Wichtige Eigenschaften verschiedener Ausgangsmaterialien im Überblick

| Material | Feuchtegrad | C/N-Verhältnis | Struktur | maximaler Mischungsanteil |
|---|---|---|---|---|
| Baum- und Strauchschnitt | trocken | 100–230 : 1 | gut | bis 50% |
| Baumrinde | feucht | 100–200 : 1 | gut | bis 70%* |
| Blumen- und Gemüseabfälle | trocken bis feucht | 10–30 : 1 | gut | bis 80% |
| Gründüngungspflanzen | trocken bis feucht | 15–25 : 1 | gut | bis 80% |
| Küchenabfälle | feucht bis naß | 20–25 : 1 | schlecht | bis 50% |
| Laub | trocken bis feucht | 40–50 : 1 | mittel | bis 80% |
| Rasenschnitt | feucht bis naß | 12–20 : 1 | schlecht | bis 70% |
| Sägemehl | trocken | 100–200 : 1 | schlecht | bis 30% |
| Schilf | feucht | 20–80 : 1 | gut | bis 70% |
| Stroh | trocken | 50–150 : 1 | gut | bis 50% |
| Trester | naß | 100 : 1 | schlecht | bis 30 % |

\* bei ansonsten strukturarmem Material; Baumrinde kann allerdings den pH-Wert absenken

# Anlage eines Kompostplatzes im Hausgarten

Wie ein übersichtlicher Schreibtisch, eine gut organisierte Küche oder eine aufgeräumte Werkstatt erleichtert auch ein mit Bedacht angelegter Kompostplatz die Arbeit ungemein. Zunächst sollten Sie grundsätzlich entscheiden, ob die offene Mietenkompostierung oder eher die Verarbeitung der Garten- und Küchenreststoffe in sogenannten Kompostiersystemen für Sie von Vorteil ist.

## Zur Größe

Bei einem in der Hauptsache für den Gemüseanbau genutzten Garten benötigen Sie maximal 10 % der Anbaufläche für Ihren Kompostplatz. Auch wenn bei der Neuanlage dadurch ein Teil der Anbaufläche „verlorengeht", gönnen Sie sich den Luxus eines großzügig angelegten Kompostbereiches zugunsten einer leichteren und überschaubaren Handhabung. Der auf den verbleibenden Beeten eingesetzte Kompost wird Ihren Pflanzen ein Wachstum bescheren, das den vermeintlichen Ertragsverlust durch Einschränkung der Anbaufläche allemal wettmacht.

Bei einem nicht so intensiv genutzten Garten mit einer verhältnismäßig großen Rasenfläche ist der Platzbedarf für den Kompost weitaus geringer (s. a. „Mulchen"). Auch Mieter- und Eigentümergemeinschaften, denen es in der Hauptsache darum geht, ihre Küchenreststoffe zu kompostieren und in die Grünanlagen einzubringen, kommen bei der Anlage ihres Kompostplatzes mit deutlich weniger Fläche aus: Hier genügen in der Regel 1–1,5 m² pro Wohnung, um die organischen Abfälle sinnvoll zu entsorgen.

## Standortüberlegungen

### Hinweise zum Nachbarschaftsrecht

Im Zusammenhang mit der großen Zahl von Kompostplätzen, die in den letzten Jahren neu angelegt wurden, häufen sich unter anderem auch die Beschwerden von Nachbarn; Ungeziefer und Geruchsbelästigung werden befürchtet: Gerüchte sind halt hartnäckig!
Um vermeidbaren Streitigkeiten aus dem Wege zu gehen, sollten Sie sich mit Ihrem

Nachbarn über den Standort Ihres Kompostes verständigen. Aus solchen Diskussionen wäre nicht das erste Mal der Entschluß erwachsen, eine gemeinschaftliche Kompostierung zu betreiben. Auf alle Fälle gehen Sie sicher, wenn Sie einen Abstand von 0,5–1 m zur Grundstücksgrenze einhalten.

## Standortwahl am Beispiel der offenen Mietenkompostierung

Die Anlage der **Kompostmieten** ist die preiswerteste, praktischste und optisch am besten zum Garten passende Methode der Kompostierung. Die Kriterien der Standortwahl sind vielfältig und werden nicht in jedem Garten vollständig zu erfüllen sein.

**Beispielhaft angelegter Kompostplatz**

Ein Kompost stellt bestimmte Anforderungen an seine Umgebung. Er sollte windgeschützt und je nach Klimaverhältnissen und Niederschlagsmengen im Schatten von Bäumen und Büschen plaziert werden. Eine immergrüne Umpflanzung ist jedoch nicht ratsam, da dann im Winter und Frühjahr der Komposthaufen zu sehr auskühlt und sogar einfrieren kann.

Die Kompostanlage im Garten sollte möglichst weit von einer befahrenen Straße entfernt sein, um eine eventuelle Belastung mit Blei und anderen Schwermetallen zu vermeiden. Ist dies nicht durchführbar, kann eine dichte Hecke für eine Verminderung der Schadstoffbelastung sorgen. Wenn ein Kompostplatz neu angelegt wird und auch neu bepflanzt werden soll, sollte man die starke Nährstoffanreicherung durch Aktivierung des Bodenlebens im nahen Umfeld berücksichtigen und entsprechend nährstoffliebende Arten wählen. Holunder oder Haselnuß sind hier besonders zu empfehlen. Wer keine Büsche oder Heckenpflanzen möchte, der kann auch auf Sonnenblumen, Mais, Stangenbohnen oder an Spalieren wachsende Wicken zurückgreifen. In Bauerngärten werden Kompostmieten oft auch mit Gurken oder Kürbissen bepflanzt. Die nährstoffliebenden Pflanzen wachsen auf diesem Standort hervorragend, und die Erträge sind dementsprechend hoch. Ein Nachteil ist aber sicherlich der starke Entzug von Nährstoffen aus dem Kompost. Günstiger ist hier, die Pflanzen neben dem Kompost anzusiedeln und die Ranken über die Mieten zu leiten. Durch diesen „grünen Pelz" wird die Austrocknung des Kom-

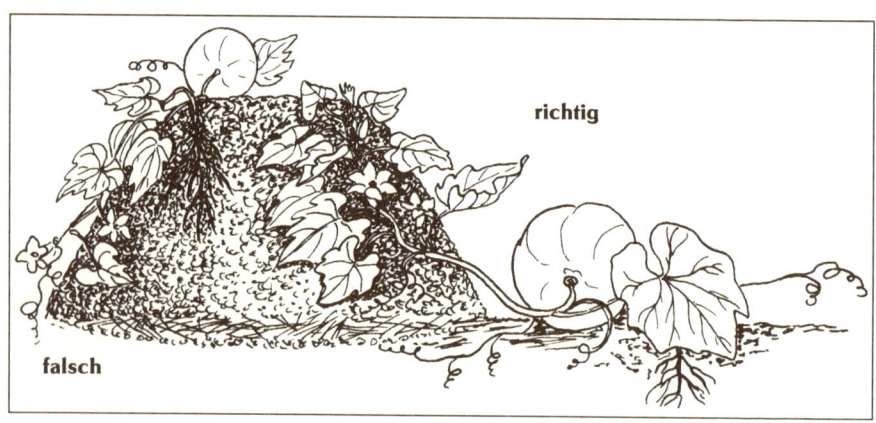

**Eine „lebende Abdeckung" mit den großen Blättern des Kürbis schützt den Kompost vor Austrocknung. Die Pflanze sollte jedoch so gesetzt werden, daß sie nicht in der Miete selbst, sondern daneben im Boden wurzelt. Auch Gurken oder Kapuzinerkresse kommen für solch eine Begrünung in Frage**

postes verhindert. Wenn die Kürbispflanze Früchte ausbildet, sollten unter diese Bretter gelegt werden; denn direkten Kontakt mit dem Kompost vertragen die Kürbisse nicht, besonders wenn sie größer und schwerer werden, fangen sie leicht an zu faulen. Die Zuwege zum Kompost sollten auch noch bei regnerischem Wetter begehbar sein. Hier können die verschiedensten Materialien eingesetzt werden. Eine dauerhafte, aber auch mit entsprechendem Aufwand verbundene Lösung wäre das Verlegen von Platten oder Pflaster. Eine weitaus preiswertere und ebenso schöne Variante ist das Verwenden von grob gehäckseltem Stammholz als Wegbelag, von dem eine 10–15 cm dicke Schicht aufgetragen wird. Die Mikroorganismen zersetzen dieses kohlenstoffrei-

che Material nur sehr langsam, so daß man erst nach 2 Jahren wieder eine dünne Schicht ausbringen muß.

Zum Kompostplatz gehören neben einem Wasseranschluß auch ein Holzbottich, in dem Pflanzenjauchen aus Brennesseln oder Beinwell angesetzt werden können. Für einen mittleren bis großen Garten hat man damit schon alles beisammen, was für das Kompostieren an Grundausstattung vorhanden sein sollte. Dazu gehören natürlich auch Geräte wie Mistgabel, Schaufel, Schubkarre und Gießkanne, die in der Regel bereits Bestandteil des „Garteninventars" sind.

In dieser Erläuterung wurde als Beispiel das Verfahren der **Mietenkompostierung** ausgewählt. Dies hat mehrere Gründe. Das Anlegen einer Miete bedarf keiner Ein-

**Eine Wandermiete wird recht breit angelegt und zu beiden Seiten durch lose aufgesetzte Mäuerchen aus Backsteinen begrenzt. Wenn nach einigen Monaten der Kompost an der Vorderseite reif ist und entnommen wird, „wandern" die Steine nach hinten, wo man ständig die neu anfallenden Abfälle aufsetzt**

33

fassung oder gar irgendwelcher Baumaßnahmen. Es wird eine Matte aus strukturreichem Material als erste Schicht aufgebracht, dann kann man die Miete aufschichten, bis eine Höhe von ca. 1 m erreicht ist. Dieses Verfahren mag jedoch in kleinen Gärten zu platzraubend sein. Eine in dieser Beziehung günstige Variante stellt die Wandermiete dar, wie sie in der Abbildung auf Seite 33 gezeigt wird.

Bei geringer Gartenfläche wird man meist auf die Behälterkompostierung zurückgreifen. Mittlerweile werden die unterschiedlichsten Verfahren und Modelle angeboten. Beim Kauf sollten einige wichtige Kriterien beachtet werden:

➡ Eine Kompoststiege muß mindestens eine Grundfläche von 1 x 1 m aufweisen, andernfalls ist eine ausreichende Erwärmung des Rottematerials nicht gewährleistet.

➡ Bei der Auswahl der Baumaterialien muß sichergestellt werden, daß sie keine Schadstoffe enthalten, die in den Kompost gelangen können.

➡ Bei Holzstiegen sollte kein Tropenholz verwendet werden.

➡ Eine genaue Prüfung des Preis-Leistungs-Verhältnisses ist empfehlenswert.

# Die verschiedenen Kompostiersysteme

Bei den Systemen lassen sich drei Gruppen unterscheiden:

1. Thermokomposter
2. andere geschlossene Systeme
3. offene Systeme

**Thermokomposter** sind geschlossene Kompostiersysteme, die zumeist mit einem Bodeneinsatz aus feinmaschigem Draht oder Kunststoff ausgestattet sind. Der Einsatz soll große Tiere wie Mäuse und andere Lästlinge fernhalten. Vermeiden Sie Systeme mit Metalleinsätzen, da Kompostwürmer solche Drahtgeflechte wegen des Ionenaustausches nur sehr ungern durchwandern. Thermokomposter werden aus unterschiedlichen Materialien mit aufgebrachter Isolierschicht angeboten. Die Herstellung von Behältern dieser Art erfordert einen hohen Energieaufwand, und die Handhabung ist aufwendiger als bei der Mietenkompostierung.

Aufgrund der wenigen Öffnungen gelangt Luft nur in geringem Maße an das Rottegut, was eine optimal abgestimmte Mischung der Ausgangsstoffe mit dem richtigen Feuchtegehalt voraussetzt. Bei zu hoher Feuchtigkeit entstehen *anaerobe* Verhältnisse (Sauerstoffabschluß) – der Kompost stinkt. Ist der Kompost zu trocken, kommt es zu einer starken Hitzebildung und Austrocknung, mit der Folge, daß die *Rotte* stockt. Eine ausgetrocknete Rottemasse erkennt man an einem weißen Schleier, der in seinem Aussehen an ein feines Pilzgeflecht erinnert. In solchen Fällen hilft nur noch, den Thermokomposter zu entleeren, den Inhalt neu zu mischen (s. „Kompostpflege") und in einer Miete aufzusetzen.

Für einen Thermokomposter müssen Sie im Mittel zwischen 500 DM und 800 DM bezahlen – ein stolzer Preis!

Etwas günstiger sind da die einfachen **geschlossenen Behälter**. Sie werden meist aus Kunststoffen oder aus feuerverzinkten Metallen gefertigt. Bei den Kunststoffbehältern sind wie bei den Thermokompostern nur sehr wenig Lüftungsschlitze im Boden-

bereich vorhanden. Die über diese Kanäle einströmende Luft durchstreicht die gesammelten Garten- und Küchenabfälle. So kann ein Gasaustausch stattfinden. Im oberen Bereich haben die Behälter Öffnungen, die für die Entlüftung vorgesehen sind. Wird ein solcher Komposter auf gewachsenen Boden gestellt, was wegen des wünschenswerten *Bodenschlusses* sinnvoll ist, kann es zu Problemen kommen: Es besteht die Gefahr, daß der Behälter einige Zentimeter in den Boden einsinkt und die Lüftungsschlitze in diesem Bereich verschlossen werden. Dann setzt innerhalb weniger Tage eine anaerobe Vergärung ein (Sauerstoffabschluß); die Rotte stockt, das Material muß zur Miete umgesetzt werden.

**Thermokomposter**

**Geschlossener Metallbehälter**

Kompostbehälter mit verzinkten Blechen haben den Nachteil, daß die Zinkschicht von den Huminsäuren während der Rotte angelöst wird. Ein solches Anlösen ist an der Rostbildung an den Innenseiten der Komposter erkennbar. Schwermetalluntersuchungen in Münchner Hausgärten ergaben zum Teil erhöhte Zink- und Cadmiumwerte im Kompost, die auf die Verwendung von Behältern mit feuerverzinkten Blechen zurückzuführen waren.

**Offene Komposter** sind ebenfalls in einer Vielzahl von Systemvarianten auf dem Markt. Die Behälter werden – oft als Bausatz – im Fachhandel oder im Direktvertrieb der entsprechenden Firmen angeboten. Auch hier gelten die genannten Grundregeln bezüglich der Größe und einer eventuellen Schadstoffbelastung, gerade auch was offene verzinkte Behälter betrifft.

Häufig bestehen solche Behälter aus einer Kombination von Kunststoff und Metallverbindungen oder reinen Kunststoffelementen. Auch wenn es sich bei den Kunststoffstiegen oft um Recyclingware handelt, ist für ihre Herstellung ein hoher Energieaufwand nötig. Hinzu kommt, daß sich Kunststoff im Garten immer fremdartig ausnimmt.

Gemauerte Kompostsilos halten zwar „ewig", müssen aber so konstruiert werden, daß die Belüftung gesichert ist. Das Preis-Leistungs-Verhältnis sollte gerade bei dieser aufwendigen Lösung näher untersucht werden. Kompost in Systemen aus Draht- oder Kunststoffgeflecht kühlt sehr schnell aus, das Rottematerial erreicht dann nicht die zur Hygienisierung erforderlichen hohen Temperaturen (Sterilisierung der Wildkräutersamen). Bei verzinktem Draht ist wegen der bereits erwähnten Schadstoffgefahr Vorsicht geboten. Komposter aus Holz bieten gegenüber den Kunststoffmodellen den Vorteil eines natürlichen, regenerierbaren Materials. In vielen Baumärkten werden Stiegen aus Holz für weniger als 30 DM abgegeben. Auf den ersten Blick scheint dies ein verlockendes Angebot zu sein, allerdings erfüllen solche Behälter zuweilen nicht die eingangs genannten Anforderungen. Die Mindestgröße der Grundfläche von 1 m$^2$ wird zum Beispiel oft nicht erreicht. Das Holz ist meist mit wasserlöslichen Salzen druckimprägniert, es besteht die Gefahr der Aus-

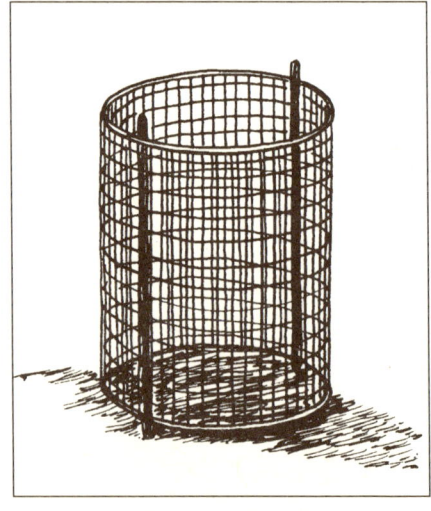

**Kompostbehälter aus Drahtgittergeflecht**

waschung und somit einer eventuellen Belastung des Rottegutes. Wer diesbezüglich ganz sichergehen will, sollte besser auf eine Behandlung der Hölzer verzichten. Statt dessen wähle man lieber kräftigere Bretter, die aufgrund ihrer Stärke länger haltbar sind. Komposter mit einer Brettstärke von 2,5–3 cm haben eine lange Lebensdauer, und sind die unteren Bretter nach einigen Jahren doch einmal vermodert, was ja ein natürlicher Prozeß ist, werden sie einfach durch neue ersetzt. Eine solche Stiege kann man im Anschaffungspreis nicht mit den Billigprodukten vergleichen. Aber für 300 DM ist eine robuste Kompoststiege dieser Art durchaus erhältlich. Als Material sollte nur Holz heimischer Bäume in Frage kommen, die Verwendung von Tropenhölzern läßt sich

mit umweltbewußtem Handeln kaum vereinbaren. Der offene Naturholzkomposter fügt sich zudem hervorragend in das lebendige Grün des Gartens ein.

Sollen vornehmlich Reststoffe aus der Küche verarbeitet werden, wie bei der Gemeinschaftskompostierung in Mietshäusern, empfiehlt es sich, einen Komposter mit Abdeckung zu wählen. So wird einer Vernässung durch Niederschläge vorgebeugt. Als sehr praktisch hat sich eine Zwei-Fach-Stiege erwiesen. Hier kann im ersten Fach das Rohmaterial gesammelt und später in das zweite Fach umgesetzt werden. Durch das Umsetzen erreicht man eine gute Durchmischung des Rottegutes (s. „Kompostpflege"). Ein so ausgestatteter Kompostplatz sieht zudem immer ordentlich und aufgeräumt aus.

**Zwei-Fach-Stiege aus Holz**

**Rundholzsilo**

## Kompostiersysteme im Überblick

| Bezeichnung | System | Material | Bemerkungen |
|---|---|---|---|
| Miete | offen | – | naturnahes Bild, kostengünstig |
| Naturholzkomposter | offen | Holz heimischer Bäume | unbehandelt, gute Einpassungsmöglichkeit in den Garten, Vorderfronten einzeln herausnehmbar |
| andere Holzkomposter | offen | teilweise Tropenhölzer | imprägniert, Gefahr der Auswaschung der verwendeten Salze |
| Drahtkomposter | offen | verzinkter Draht | zu starke Auskühlung, Gefahr einer Schadstoffbelastung des Kompostes |
| gemauerte Kompostsilos | offen | Ziegelsteine | aufwendig; gute Belüftung muß gesichert sein |
| Kunststoffstiegen | offen | teilweise Recyclingprodukte | hoher Energieaufwand bei Herstellung, schlechte Einpassung ins Gartenbild |
| Stiegen aus Metall | offen | Stahlblech, teilweise verzinkt | Gefahr einer Schadstoffbelastung, schlechte Einpassung ins Gartenbild |
| Kompostbehälter | geschlossen | Kunststoff, verzinktes Stahlblech | siehe Kunststoff-; Metallstiegen; Gefahr mangelnder Luftzufuhr im Bodenbereich |
| Thermokomposter | geschlossen | Kunststoff | geringe Belüftung, schlechte Einpassung ins Gartenbild |

# Die Kompostpflege

Nachdem man sich für das geeignetste Kompostiersystem entschieden hat, kann die wunderbare Verwandlung der Garten- und Küchenabfälle in wertvollen Humus beginnen.

## Aufsetzen

Bei jeder Kompostierung, egal ob im offenen oder geschlossenen System, muß zuerst eine Matte aus grobem Strukturmittel aufgetragen werden. Diese Schicht dient zur Belüftung und läßt so den wichtigen Sauerstoff auch von unten an das Rottegut gelangen. Eventuell auftretendes *Prozeßwasser* wird von diesem „Löschblatt" aufgenommen (Drainage), kann also das Grundwasser nicht belasten. Die Strukturmittelschicht sollte etwa 15–20 cm dick sein und aus saugfähigem Material bestehen. Es können hierfür verschiedene Reststoffe verwendet werden; *Holzhäcksel* oder auch Stroh haben sich besonders bewährt. Die organischen Garten- oder Haushaltsabfälle werden nun aufgeschichtet. Weiche, strukturarme Materialien wie Küchenabfälle und Rasenschnitt sollte man dabei mit strukturreichen Reststoffen abdecken oder mischen. Es hängt natürlich

von der Jahreszeit ab, welches Material anfällt. Im Winter beispielsweise wird es sich hauptsächlich um Küchenabfälle und vielleicht ein wenig Baumschnitt handeln. Im zeitigen Frühjahr, wenn wieder vermehrt Gehölze geschnitten werden, gibt es große Mengen an strukturreichem Material. Auch stehen dann bald die ersten Gartenaktivitäten wie die Vorbereitung der Pflanzarbeiten an, und damit eine Vielzahl kompostierfähiger Abfälle. Mit steigenden Temperaturen und länger werdenden Tagen wachsen auch die Blumen, Büsche und Hecken in den Gärten. Für den Gartenfreund gibt es nun viel zu pflegen und zu hegen. Der Kompost wächst dabei stetig, und je nach Gartengröße hat sich bereits nach 3 bis 4 Monaten ein ansehnlicher „Berg" aufgetürmt. Jetzt ist die Zeit des Umsetzens gekommen.

## Umsetzen

Bei Verwendung einer Zwei-Fach-Stiege wird das gesammelte Material in den zweiten Behälter umgesetzt. Wenn ein solcher Behälter nicht vorhanden ist, kann man auch eine Miete aufsetzen. In beiden Fällen sollte wieder mit einer Matte aus grobem Material begonnen werden. Das Umsetzen bewirkt, daß das Material in sich gemischt und zusätzlich mit Sauerstoff versorgt wird. Während der Kern des Komposthaufens bereits gut angerottet sein dürfte, sind die Außenzonen noch nicht in den Rotteprozeß mit einbezogen worden. Dies liegt daran, daß der äußere Bereich während der *Rotte* kaum erhitzt wurde (thermophile Phase, s. „Rottephasen"). Durch das Umsetzen gelangt nun das Material der Außenzonen auch mit in den Kompostkern hinein und wird dort den erforderlichen Temperaturen ausgesetzt. Nach 3 bis 4 Tagen ist wieder eine deutliche Temperaturzunahme festzustellen. Beim Umsetzen des Komposthaufens kann auch der Feuchtegehalt des Rottegutes bestimmt werden. Eine sehr einfache und zuverlässige Methode ist die sogenannte Faustprobe. Dazu nimmt man eine Handvoll Kompost und preßt ihn zusammen. Wenn die *Feuchte* optimal ist, das umzusetzende Material also etwa einen Wassergehalt von 60–70 % aufweist, perlen einige Wassertropfen zwischen den Fingern hervor. Ist der Kompost zu trocken, so muß gegossen werden. Man sollte jedoch stets zurückhaltend wässern. Durch öfteres Verabreichen geringer Mengen an Wasser oder Jauche sorgt man für die nötige Feuchte, vermeidet aber Durchfluß und damit eine Auswaschung der Nährstoffe. Falls der Kompost einmal zu naß geworden ist, versetzt man ihn mit trockenem, saugfähigem Strukturmaterial.

Nun kann wieder von neuem gesammelt werden. Wenn der Rotteverlauf beschleunigt werden soll, kann man schon nach 14 Tagen erneut umsetzen. Auch hierbei empfiehlt sich eine Drainageschicht aus strukturreichem Material. Bereits 4 bis 6 Monate nach dem Aufsetzen erhält man so einen sehr guten Kompost. Bei einem hohen Anteil an verholztem Material muß man sich allerdings etwas länger gedulden; hier dauert der Rotteprozeß etwa ein Jahr.

Es ist natürlich möglich, den Kompost noch häufiger umzusetzen, dies bedeutet

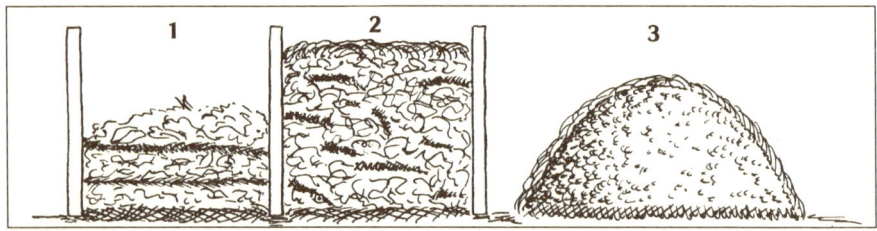

**Zweckmäßiges Vorgehen bei einer Zwei-Fach-Stiege: Im ersten Behälter (1) werden die Abfälle aufgesetzt. Nach 3 bis 4 Monaten setzt man sie in den zweiten Behälter (2) um, in dem zwischenzeitlich älterer Kompost herangereift ist. Wird ein zweites Umsetzen gewünscht, legt man neben der Stiege eine Miete (3) an**

aber einen enormen Arbeitsaufwand; außerdem entstehen dann durch die lang anhaltenden hohen Temperaturen entsprechende Stickstoffverluste in Form von Ammoniakausgasung. Da Stickstoff aber ein wichtiger Hauptnährstoff ist, sollten diese Verluste möglichst gering gehalten werden. Im übrigen braucht der Prozeß der Humusbildung seine Zeit, und man sollte nicht versuchen, die Natur zu übertrumpfen, denn dies geht fast immer auf Kosten der Kompostqualität.

Bei jedem Umsetzen werden natürlich auch die Mikroorganismen gestört und kurzzeitig ungünstigen Lebensbedingungen ausgesetzt. Allerdings haben sich die Organismen schon nach wenigen Tagen wieder so weit vermehrt, daß dieser Effekt bald ausgeglichen wird. Von daher spielt auch die Jahreszeit eine geringe Rolle. Nur bei Frost sollte man nicht umsetzen, da dann die Gefahr des Einfrierens des Kompostmaterials besteht.

Aufwuchs läßt sich durch ein Abdecken des Kompostes etwas unterdrücken; dies ist gerade bei offenen Mieten empfehlenswert. Am besten eignet sich dafür samenfreier Rasenschnitt, der leicht anrottet und von Zeit zu Zeit durch eine neue Schicht ersetzt wird.

Der Kompostierungsprozeß läßt sich durch ein „Impfen" des Ausgangsmaterials mit Humus beschleunigen (s. a. „Kompostzusätze"). Bei Zugabe von etwas Reifekompost, humoser Gartenerde oder auch der gröberen Bestandteile, die beim Absieben von Kompost übrigbleiben, gelangen Mikroben, Strahlenpilze und Bakterien in das Ausgangsmaterial, das Leben im Kompost erhält so einen gewissen „Vorsprung". Dieses Vorgehen ist allerdings nicht unbedingt erforderlich, zumal beim Aufsetzen von Gartenabfällen meist auch einiges an Erde mit auf den Kompost kommt und dieselbe günstige Wirkung zeigt.

# Weitere Tips für die Kompostpflege

Aufgrund der besonders günstigen Bedingungen keimen auf dem Kompost zahlreiche Wildkräuter, zuweilen treiben auch Kartoffeln aus. Meist sterben die Wildkräuter von selbst wieder ab, ansonsten hilft gelegentliches Ausrupfen, was vor allem dann ratsam wird, wenn einige Pflanzen doch zur Blüte kommen. Der

# Bestimmung des Reifegrades

Nach zweimaligem Umsetzen des Rottegutes läßt sich das Salatblatt nicht mehr als solches erkennen, der Kompost weist eine günstige Struktur auf, erinnert im Geruch an frischen Waldboden und ist nun verwendungsfähig.

Um den Reife- oder Rottegrad zu bestimmen, gibt es zwei unterschiedliche Wege.

Die analytische Untersuchung ist zwar recht genau, erfordert aber auch einiges an Vorkenntnissen und Aufwand. Der einfachere Weg ist der **Kressekeimtest**: Er kostet fast nichts und reicht im allgemeinen für den Hobbygärtner aus. Bei diesem Test macht man sich die Empfindlichkeit von keimenden Samen zunutze. Nicht ganz ausgereifter Kompost enthält noch viele leicht verfügbare Nährstoffe und weitere Substanzen, die empfindliche Pflanzen nicht vertragen. Keimlinge reagieren auf diese Inhaltsstoffe besonders stark und vertragen kaum Düngung.

Für den Keimtest benötigt man neben dem zu untersuchenden Kompost eine flache Schale, Kressesamen und ein wenig Was-ser. In die mit Kompost gefüllte Schale wird das Saatgut gelegt, leicht angedrückt und nach dem Anfeuchten mit Glas oder Folie abgedeckt. Diese Abdeckung entfernt man, wenn die Samen aufgegangen sind. Wenn nach ca. 3 bis 4 Tagen der überwiegende Teil der Kresse gekeimt hat, ist dies ein recht sicheres Anzeichen für einen pflanzenverträglichen Reifekompost.

Der Kressetest zeigt aber noch mehr: Sind die Keimblätter auch noch nach etwa 6 Tagen grün, so handelt es sich um einen gut ausgereiften *Dauerhumus* mit sehr günstiger Wirkung für den Humusaufbau des Bodens. Verfärben sich die Blätter braun oder gelb, sollte man den Kompost nur als Düngekompost verwenden.

**Kressekeimtest: Den zu prüfenden Kompost in eine Schale oder ein flaches Kistchen füllen; Kressesamen gleichmäßig ausstreuen und andrücken; dann gut befeuchten und mit Folie abdecken**

**Folie bei Sichtbarwerden der ersten Keimlinge entfernen; bei gutem Kompost ist das schon nach einem Tag der Fall, nach 3 bis 4 Tagen hat der größte Teil der Samen gekeimt**

**Kompost, mit dem zum Beispiel Pflanzlöcher bei Bäumen aufgefüllt werden, kann man mit einem einfachen Durchwurfdrahtgitter absieben. Die zurückbleibenden, gröberen Teile sind wertvolles humusreiches Material für einen neuen Kompost**

# Absieben des Kompostes

Je nach Verwendungszweck kann es ratsam sein, die gröberen Bestandteile durch Sieben des Kompostes abzutrennen (s. „Kompostanwendung im Hausgarten"). Für den normalen Hausgebrauch reicht hier sicher ein Durchwurfsieb, wie es in den meisten Baumärkten erhältlich ist. Das Sieb sollte eine Maschenweite von ca. 16 mm aufweisen. Pflanzerde kann auch ruhig etwas feiner gesiebt werden, 6–8 mm sind hier angemessen. Zum Absieben darf das Material nicht zu feucht sein, da sonst der Sieblüberlauf, also die Fraktion der groben Teile, zu groß wäre

(Kugelbildung). Wenn der Kompost einige Wochen vor dem Absieben abgedeckt wurde, hat er in der Regel die richtige Feuchte. Gesiebten Kompost sollte man unbedingt bedecken, damit keine Flugsamen einwehen können und keine Nährstoffe durch Regengüsse ausgewaschen werden.

# Kompostzusätze

## Kompoststarter und Kompostbeschleuniger

Im Fachhandel werden heute verstärkt Kompoststarter und Veredelungsmittel für den Kompost angeboten. Die Präparate dienen meist dem Zweck, den Rotteverlauf früh in Gang zu bringen und zu beschleunigen. Das „Geheimnis" dieser oft als Wundermittel angepriesenen Produkte liegt in ihrer Zusammensetzung, die sich aus der angestrebten Wirkungsweise ergibt: Mittel dieser Art zielen entweder auf eine Verbesserung der Nährstoffverhältnisse im Kompost ab oder auf eine Vermehrung der *Mikroorganismen*. Entsprechend enthalten sie Stickstoff zur Einengung des *C/N-Verhältnisses* oder ein anderes „Futter" für *Mikroben*. Ein weiteres „Rezept" ist die direkte Zufuhr von getrockneten Organismen. Oft werden Bakterienkulturen der Gattung Azotobacter verwendet. Diese sind in der Lage, Stickstoffverluste durch Einlagerung dieses Nährelementes in ihren Organismus zu verringern. Ob ein Zusetzen solcher

**43**

Mikroorganismen sinnvoll oder gar nötig ist, ist umstritten. Eindeutig läßt sich aber sagen, daß der Einsatz von Mikrobenkonzentraten während des Aufsetzens der Miete keinen Sinn macht. Diese Organismen sind an einen bestimmten Temperaturbereich gebunden. Wird es ihnen zu warm (also in der ersten, thermophilen Rottephase), sterben die meisten ab. Bei günstigen Voraussetzungen (Temperatur, Feuchte, Materialzusammensetzung) dagegen sind diese Kulturen von Natur aus in ausreichendem Maße vorhanden. Eine dünne Schicht gute Gartenerde oder Reifekompost enthält im übrigen genug Organismen. Ein Kompost, der sehr einseitig zusammengesetzt wurde, kann jedoch von solchen Mitteln profitieren. Besser allerdings ist es, von vornherein möglichst auf eine vielseitige Mischung von Reststoffen zu achten und das Leben im Kompost durch gute Rotteführung zu fördern.

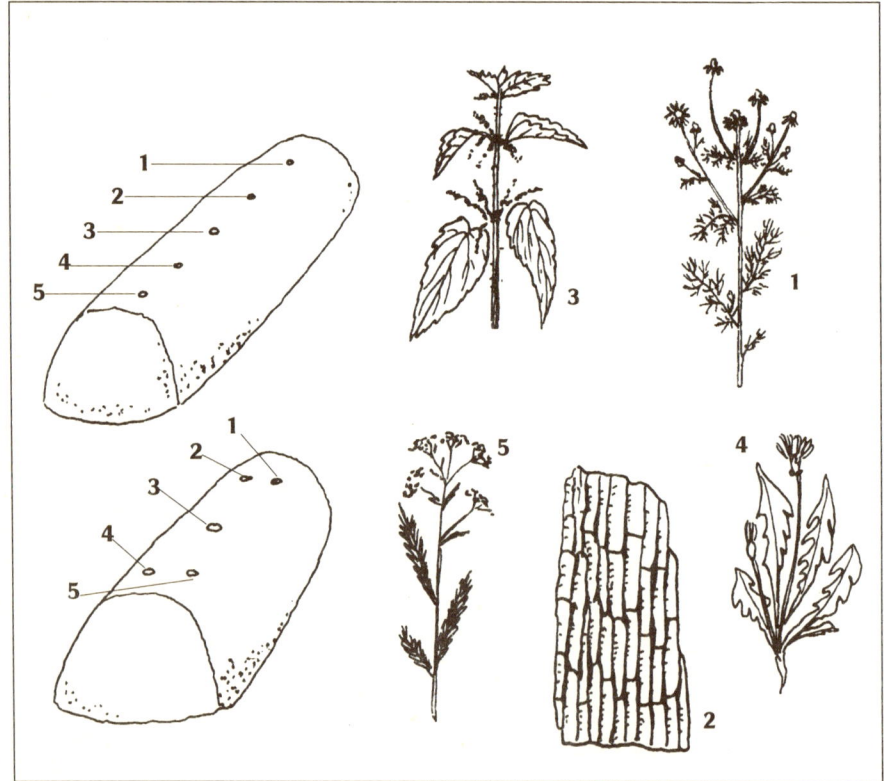

## Biologisch-dynamische Präparate

Eine Sonderrolle nehmen die biologisch-dynamischen Präparate nach Rudolf Steiner ein. Steiner hat bestimmte Teile von sechs Pflanzen für die Kompostbereitung empfohlen: die Blüten der Schafgarbe, der Kamille, des Löwenzahns und des Baldrians, Sprosse von Brennesseln in voller Blüte und zerkleinerte Eichenrinde. Präparate aus diesen Ausgangsstoffen werden nach genau festgelegten Anleitungen hergestellt und verwendet. Sie dienen nicht einseitig der Rottebeschleunigung, sondern der Regulierung des Kompostierungsprozesses. Durch ihren Einsatz werden bestimmte Mikroorganismen angeregt, deren Tätigkeit dann später den Pflanzen zugute kommt. Diese Kompostpräparate kann man über das Institut für biologisch-dynamische Forschung, Brandschneise 5, 6100 Darmstadt, beziehen.

**Biologisch-dynamische Kompostpräparate zielen auf eine sanfte Regulierung der Rotteprozesse ab. Die Präparate werden aus ganz bestimmten Teilen verschiedener Pflanzen gewonnen. Sehr genau festgelegt sind auch die zwei verschiedenen Verfahren der Verteilung in der Miete: 1 = Kamille; 2 = Eichenrinde; 3 = Brennessel; 4 = Löwenzahn; 5 = Schafgarbe. Zusätzlich wird Baldrianextrakt darübergesprüht**

## Gesteinsmehle

Mit ihrer Hilfe wird eine Verbesserung der Struktur im Kompostsubstrat erreicht. Gesteinsmehle fallen besonders bei der Schotterherstellung und in natursteinverarbeitenden Betrieben an. Sehr fein zermahlen fördern diese mineralischen Zuschlagstoffe das Bodenleben und das Pflanzenwachstum. Als etwas größerer Grieß dienen sie als langsam fließendes Spurenelementdepot. Je nach Ausgangsgestein können diese Mehle auch größere Mengen an Calcium, Magnesium und Kalium enthalten. Bei allen Gesteinsmehlen ist möglichst auf die Herkunft zu achten. Wenn es sich dabei zum Beispiel um Schleifstaub aus Steinmetzbetrieben handelt, sollte berücksichtigt werden, daß er auch Schwermetalle aus dem Abrieb der Werkzeuge enthalten kann.

## Kalk

Obgleich zuweilen empfohlen, ist die Zugabe von Kalk in der Regel nicht erforderlich. Wenn Küchenabfälle kompostiert werden, gelangt schon über die Eierschalen genügend Kalk in das Kompostmaterial. Nur bei größeren Mengen an sehr sauren Ausgangsmaterialien – beispielsweise bei Kaffee oder Koniferennadeln – wird ein Ausgleich durch Muschel- oder Algenkalk, kalkhaltige Gesteinsmehle oder kohlensauren Kalk nötig. Auf keinen Fall jedoch sollten wasserlöslicher Brannt- oder Löschkalk zum Einsatz kommen. Diese Kalkdünger können verheerende Auswirkungen auf die Organismen im Kompost haben.

**45**

# Die Kompostverwendung

Ganz gleich, wie ein Garten bewirtschaftet und seine Fläche genutzt wird – in der Regel wird ihm immer wieder ein Teil seiner Nährstoffe entzogen. Auch beim Rasenmähen zum Beispiel entnimmt der Gärtner organische Masse und enthält somit dem Boden ein wichtiges Potential für die Rückgewinnung von Nährstoffen vor. Wenn dann jegliche weitere Versorgung unterbleibt, verarmt der Boden, er wird ausgelaugt, wozu schließlich auch die Auswaschung von Nährstoffen ihr Teil beiträgt.

## Wirkung der Hauptnährstoffe auf Boden und Pflanzen

Neben dem schon oft erwähnten Stickstoff (N) sind weitere Hauptnährstoffe von großer Bedeutung für das Pflanzenleben: Kalium (K) und Phosphor (P), Kalk (Ca) und Magnesium (Mg) bzw. ihre Verbindungen werden ständig durch die Pflanzenwurzeln aufgenommen oder gehen durch Auswaschung verloren. Der Verlust durch Auswaschung liegt um so höher, je weniger Humussubstanz ein Boden enthält. Steht ein Nährstoff, zum Beispiel Kalium, in zu geringem Maße oder gar nicht zur Verfügung, dann hilft es der Pflanze nichts, wenn sie mit noch so hohen Mengen, beispielsweise an Stickstoff, versorgt wird. Der Nährstoff oder Wachstumsfaktor, der im Minimum vorhanden ist, bestimmt also das Gedeihen der Pflanze und kann keinesfalls durch einen anderen Nährstoff ersetzt werden. Diese Erkenntnis formulierte bereits im 19. Jahrhundert *Justus von Liebig* in seinem „Gesetz vom Minimum".

Ein unentbehrlicher Baustein der für die Pflanzen so wichtigen Eiweiße ist **Stickstoff** (N). Eiweiß besteht aus Aminosäuren, die in den grünen Blättern aufgebaut werden. Bei hohen Stickstoffgaben bildet die Pflanze deshalb sehr viel Blattwerk. Stickstoffbedarf und -verträglichkeit der einzelnen Pflanzenarten sind recht unterschiedlich. So werden zum Beispiel Kohl, Spinat und Mangold als stickstoffzehrende Pflanze eingestuft. Stickstoffmangel bewirkt einen schwachen Wuchs und spärliches Laub. Bei einem Überschuß dagegen kann es zu einem verspäteten Abschluß des Wachstums kommen, unreife Triebe erfrieren dann im Winter. Weitere Folgen einer Überdüngung sind mastiges, weiches, krankheitsanfälliges Gewebe und überhöhte Nitratgehalte in Gemüse.

Alle Hackfrüchte, wie beispielsweise Kartoffeln und Rüben, haben einen hohen Kaliumbedarf. **Kalium** (K) ist an der Stärke- und Zuckerbildung maßgeblich beteiligt und festigt das Pflanzengewebe.

**Phosphor** (P) bzw. Phosphorsäure ist unter anderem für die Ausbildung der Zellkerne zuständig, hat große Bedeutung für Blüten-, Frucht- und Wurzelbildung und spielt eine wichtige Rolle im pflanzlichen Stoffwechsel.

**Kalk** bzw. Calcium (Ca) hat mehrere Aufgaben im Boden zu erfüllen; hier liegt seine Hauptstärke in der Förderung der Humusbildung und in der Säurebindung. In der Pflanze trägt er zur Festigung der

Zellwände bei und sorgt für die Regelung des Stofftransports. Genau betrachtet ist der Kalk aber kein Düngemittel, sondern hat eher die Funktion, den Boden aufzuschließen. Kalk bewirkt eine gute Krümelung und damit einhergehend eine verbesserte Durchlüftung des Bodens. Hierdurch wird ein besserer Umsatz der Stoffe ermöglicht. Da der Kalk einer Versauerung des Bodens entgegenwirkt, können die Bakterien die zum Teil gebundenen Nährstoffe einfacher aufschließen, die Zersetzung der organischen Substanz wird etwas beschleunigt. Kalk bewirkt also eine vorübergehende Steigerung der Bodenfruchtbarkeit, auf der anderen Seite aber auch eine Erschöpfung des Bodens. Das Sprichwort von den reichen Vätern und

Das „Gesetz vom Minimum": Wenn einer der Bausteine pflanzlichen Wachstums zu klein oder gar nicht vorhanden ist, hilft auch ein noch so großer anderer Baustein nicht – der kleinste bestimmt das Gedeihen. Dies gilt auch für Spurenelemente und andere Faktoren wie Wasser und Licht

den armen Söhnen verdeutlicht die Folgen einer übermäßigen Kalkdüngung recht anschaulich.

Es drängt sich nun die Frage auf, ob der Gartenboden einen solchen Raubbau lange aushält. Wenn ein Boden regelmäßig mit Kompost versorgt wird und man auch andere natürliche Methoden wie Mulchen oder Gründüngung nutzt, ist eine spezielle Kalkdüngung zur Ertragssteigerung eigentlich nicht nötig. Auf normalen Gartenböden genügt eine Erhaltungskalkung im Abstand von etwa 3 Jahren, wofür je nach benötigter Menge Muschel- oder Algenkalk oder kohlensaurer Kalk zum Einsatz kommen kann. Auf keinen Fall sollte man für diesen Zweck den wasserlöslichen, ätzend wirkenden Branntkalk verwenden.

Es könnte jetzt leicht der Eindruck entstehen, daß mit sogenannten NPK-Düngern alles für die Fruchtbarkeit des Boden getan wird und eine Versorgung mit Kompost nicht unbedingt notwendig ist. Diese Auffassung wurde lange Zeit vertreten, und es wurde auch vielerorts entsprechend verfahren. Ein Beispiel ist die herkömmliche Landwirtschaft, wie sie seit dem Zweiten Weltkrieg betrieben wird – mit katastrophalen Auswirkungen auf unsere Böden und das Grundwasser.

Durch die Verwendung von Mineraldüngern wird zudem keinerlei Humus im Boden aufgebaut. Die Nährstoffe, die man als Salze dem Boden zuführt, können zum Teil leicht ausgewaschen werden und belasten dann das Grundwasser. Der für den Boden so wichtige Regenwurm reagiert

**Wer die zur Verfügung stehenden naturgemäßen Verfahren voll ausnutzt, braucht kaum auf industriell hergestellte Dünger zurückzugreifen. Kompostgaben, Mulchen, Gründüngung und Pflanzenjauchen sorgen für nachhaltige Bodenfruchtbarkeit und fördern das Gedeihen der Gartenpflanzen**

sehr empfindlich auf Mineraldünger und meidet derartig gedüngte Flächen sogar. Die beste und zugleich sicherste Art, den Boden mit allem Notwendigen zu versorgen, besteht deshalb in der Verwendung von Kompost, kombiniert mit *Gründüngung*, Mulchen und dem Einsatz von Pflanzenjauchen.

# Kompostanwendung im Hausgarten

Bei der Kompostanwendung sollten einige Regeln beachtet werden. Zunächst muß man prüfen, ob der Kompost auch „reif", also pflanzenverträglich ist *(Kressekeimtest)*. Fällt das Ergebnis positiv aus, kann der Kompost verwendet werden. Je älter der Kompost, desto mehr sind die einzelnen Nährstoffe in den Humusverbindungen eingebaut. Dieser *Dauerhumus* gilt als Nährstoffdepot mit langsamer Freisetzung. Solch einen **Reifekompost** kann man zu jeder Jahreszeit ausbringen, außer bei gefrorenem Boden. Aber auch noch nicht völlig ausgereiften Kompost, den sogenannten **Frischkompost**, kann man für bestimmte Zwecke einsetzen. Er enthält noch viele leicht verfügbare Nährstoffe und wird deshalb auch als **Nährkompost** bezeichnet.

## Anwendung von Reifekompost

Vollständig verrotteter, reifer Kompost wird hauptsächlich eingesetzt:
➡ bei der Neuanlage von Gemüsebeeten
➡ als Pflanzerde bei Bäumen, Sträuchern und Stauden
➡ im Zierpflanzenbereich (mit Ausnahme von Moorbeet- und Heidepflanzen)
➡ bei Kräuteranpflanzungen
➡ bei der Anlage von Rasenflächen

Mit Reifekompost lassen sich auch Erdmischungen (Substrate) herstellen, die weiteren Mischkomponenten sind dann sandige oder lehmige Erde.

Die Anwendung von Reifekompost gestaltet sich recht einfach. Er läßt sich praktisch zu jeder Zeit ausbringen, außer, wie schon erwähnt, bei gefrorenem Boden. Kompost sollte immer nur oberflächlich eingearbei-

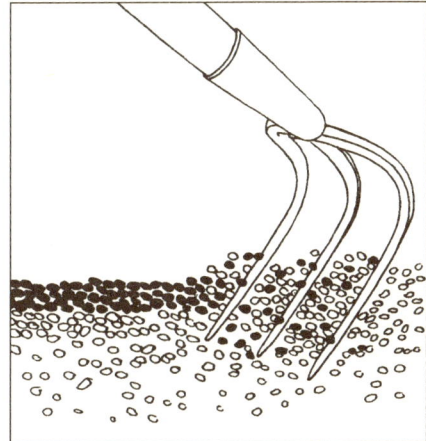

**Kompost wird am besten nur flach mit Hacke oder Krail eingearbeitet; den Rest besorgen die Bodenlebewesen**

tet oder aufgestreut werden. Gemüse-pflanzen entwickeln sich bei bedarfsgerechter Nährstoffzufuhr besonders gut. Das Gemüse zeigt dann nicht nur mehr Widerstandskraft gegen Krankheiten und Schädlinge, sondern ist auch schmackhafter. Besonders deutlich wird dies beim Vergleich von Tomaten, die im Gewächshaus in Nährlösungen gezogen wurden, mit denen aus dem eigenen Garten, die Kompostdüngung erhielten. Der Reifekompost wird im Frühjahr großflächig im Garten ausgebracht und eingeharkt. Er kann vor allem bei Starkzehrern auch direkt in die Saat- oder Pflanzrille gegeben werden.

Starkzehrer wie Brokkoli, Frühkartoffeln, Blumen- und Rosenkohl, Tomaten, Spar-

**Obstbäume versorgt man über die Baumscheibe, einen von Bewuchs freigehaltenen Bereich. Eine Mulchschicht unterdrückt den Aufwuchs von Wildkräutern**

gel etc. versorgt man mit ca. 10 l/m². Gurken, Grünkohl, Kohlrabi, Mangold, Möhren und früher Weißkohl erhalten als Mittelzehrer 8 l/m². Schwachzehrende Bohnen, Erbsen, Feld- und Kopfsalat sowie Petersilie begnügen sich mit 5 l/m² Anbaufläche. Eine Nachdüngung kann bei Bedarf jederzeit erfolgen. Eine schnelle Düngewirkung wird bei starkzehrendem Gemüse durch den Einsatz von Frischkompost erzielt (s. nachfolgendes Kapitel).

Obstbäume bekommen bei der Pflanzung zunächst einige Schaufeln ausgereifte Komposterde mit in das Pflanzloch. Zur laufenden Versorgung wird auf die Baumscheibe, die je nach Größe des Baumes einen Durchmesser von 1,50 m–1,80 m aufweisen sollte, jährlich eine 2 cm dicke Schicht aus Frischkompost aufgetragen. Diesen Bereich sollte man feucht halten und abdecken (s. „Mulchen").

Reichliche Kompostgaben brauchen die Beerensträucher bei der Pflanzung, in den nachfolgenden Jahren genügen Kompostschichten von 2 cm Stärke für die weitere Versorgung. Beerensträucher vertragen auch leicht sauren Nadelkompost in kleineren Mengen.

Bei Erdbeeren mischt man etwa 30 % Kompost unter die Pflanzerde; später werden jeweils nach der Ernte 1–2 cm zwischen den Reihen aufgetragen.

Pflanzen in Blumenkübeln oder -kästen werden mit einem Gemisch aus Gartenerde, Sand und Reifekompost zu gleichen Teilen bedacht; Torf sollte hier nicht zum Einsatz kommen.

**50**

Rasenflächen werden im Frühjahr dünn mit ca. 3 l feingesiebtem Kompost pro m² abgestreut. Bei Verwendung von nährstoffreichen Komposten (aus Mist oder Küchenabfällen) läßt sich der Stickstoffbedarf des Rasens gut decken.

Aussaaterde kann man mit Hilfe von vollständig ausgereiftem Kompost *(Kresse-keimtest!)* auch selbst herstellen. Sie wird aus 9 Teilen Sand und 1 Teil Reifekompost gemischt; dasselbe Substrat kann man auch zum Pikieren (Vereinzeln) der Sämlinge verwenden. Wenn die Jungpflanzen kräftig genug sind, werden sie in eine Mischung gepflanzt, die je zur Hälfte aus Sand und Kompost besteht.

| Kompostanwendung im Garten | | | |
|---|---|---|---|
| **Einsatzbereich** | **Zeitpunkt** | **Höhe der Gaben** | |
| | | **in l/m²** | **Schichthöhe in cm** |
| im Ziergarten: | | | |
| Blumenbeete | im Frühjahr | 10 | 1 |
| Ziergehölze | als Mulch im Frühjahr/Herbst | 10–20 | 1–2 |
| Bodenverbesserung | bei der Neuanlage | 5 | 0,5 |
| Bodenabdeckung | als Mulch vor dem Winter | 2 | 0,2 |
| Rasen | im Frühjahr | bis 3 | 0,3 |
| im Nutzgarten: | | | |
| –Starkzehrer: | jeweils zur Pflanzzeit | 10 | 1 |
| Brokkoli, Frühkartoffeln, | | | |
| Blumen- und Rosenkohl, | | | |
| Tomaten, Spargel | | | |
| –Mittelzehrer: | jeweils zur Pflanzzeit | 8 | 0,8 |
| Gurken, Grünkohl, Möhren, | | | |
| Kohlrabi und Mangold | | | |
| –Schwachzehrer: | jeweils zur Pflanzzeit | 5 | 0,5 |
| Bohnen, Erbsen, Petersilie, | | | |
| Kopf- und Feldsalat | | | |
| Obstbäume, Beerensträucher | nach der Ernte | bis 20 | 2 |

## Anwendung von Frischkompost

Im Unterschied zum Reifekompost sollte man den Frischkompost eher als Nährkompost einsetzen. Starkzehrer unter den Gemüsepflanzen sind für Nährkompost sehr dankbar. Tomaten, Gurken und Kartoffeln etc. vertragen vom Gartenkompost etwa 3 kg/m², was einer Menge von 10 l entspricht. Bei Verwendung von Mist oder nährstoffreichem Kompost (Mistkompost) reichen auch schon 2 kg/m² (5 l). Bei Leguminosen, Möhren sowie Zwiebelgewächsen sollte kein Nährkompost verwendet werden. Nicht ausgereiften Kompost sollte man wegen der Gefahr einer Pflanzenschädigung generell nicht unmittelbar vor der Aussaat ausbringen. Besser ist es, Nährkompost entweder im Herbst zu verteilen oder ihn erst nach Stärkung der Jungpflanzen einzusetzen. Als Richtwert für die benötigte Gabe gelten etwa 1,5–2 m³ Kompost auf ca. 100 m² Gartenfläche. Dies entspricht ungefähr einer Schichtstärke von 1–2 cm. Der Nährstoffbedarf der Gemüsepflanzen, aber auch der Bäume und Sträucher läßt sich so weitestgehend decken. Werden zudem Gründüngung und das Verfahren des Mulchens zur Bodenabdeckung genutzt, kann jeder Garten ohne gekaufte Zusatzmittel auskommen; ein gesunder, fruchtbarer Boden garantiert dann den Erfolg.

Weitere Empfehlungen zur Kompostversorgung der verschiedenen Pflanzen und Gartenbereiche finden Sie im Kapitel „Sonder- und Spezialkomposte".

# Mulchen im Hausgarten

In der Natur ist jeder einigermaßen intakte Boden von einer dichten Decke aus Pflanzen oder aus abgestorbenem organischem Material bedeckt. In den Wäldern besteht diese Schicht aus dem noch nicht völlig verrotteten Laub der Bäume, das langsam von den *Mikroorganismen* sowie von größeren Bodentieren zu Humus umgewandelt wird. Es handelt sich um den gleichen Prozeß wie bei der Kompostierung, nur dauert er hier sehr viel länger und vollzieht sich ohne hohe Rottetemperaturen. Die Laubschicht verhindert, daß der Boden austrocknet, und ermöglicht sehr vielen Bodenlebewesen eine ungestörte Arbeit.

## Vorteile des Mulchens

Im Nutzgarten wird durch die Ernte ein erheblicher Teil des organischen Materials entfernt und so dem Stoffkreislauf entzogen. Zurück bleibt oft die nackte Erde, die leicht austrocknet und in der nur wenige Organismen einen Lebensraum finden. Ein solcher Boden ist zum Beispiel auch einem Platzregen schutzlos ausgeliefert. Die Regentropfen können leicht die vorhandene *Krümelstruktur* zerstören, mit der Folge, daß die Erde verschlämmt. Nicht selten kommt es dabei auch zum Abschwemmen von Bodenteilen (Erosion), besonders in Hanglagen.

Ein bedeckter Boden dagegen ist gegen Erosion und Austrocknung unempfindlicher. Gleichzeitig dient die Mulchschicht als langsam fließende Nährstoffquelle, denn die aufgebrachten organischen Materialien werden im Laufe der Zeit abgebaut und in den Nährstoffkreislauf miteinbezogen.

Die Vorteile des Mulchens sind vielfältiger Natur. So wird die Entwicklung des Bodenlebens gefördert; die lichtempfindlichen Regenwürmer können bis an die Oberfläche kommen und ziehen abgestorbene Blätter und Halme in den Boden. Dort werden sie dann zerlegt, aufgebrochen, von den Würmern gefressen. Daraus entstehen die für den Boden so wertvollen *Ton-Humus-Komplexe*. Das Futterangebot für Bodentiere ist bei einer ständigen Mulchschicht sehr viel reichhaltiger, was schließlich zu einem regen Bodenleben führt.

Aufgrund ihrer lebhaften Tätigkeit setzen die Bodenorganismen viele Nährstoffe frei, die für die Pflanzen verfügbar sind. Durch die hohe Aktivität der Bodenlebewesen wird sehr viel kohlenstoffhaltiges Material abgebaut, dabei entsteht eine große Menge an „bodenbürtiger Kohlensäure", die durch die vielen Poren im Boden an die Atmosphäre abgegeben wird. Im gewerblichen Gemüseanbau versorgt man zum Teil die Pflanzen in Gewächshäusern zur Ertragssteigerung gezielt mit maschinell ausgebrachter Kohlensäure. Diesen Effekt kann sich der Gartenbesitzer mit dem Mulchen kostenlos zu nutze machen. Das austretende Gas wird von der Blattunterseite aufgenommen, und die Pflanze kann die zusätzliche Kohlenstoffquelle zum Aufbau der Grünmasse (Biomasse) verwenden. Dadurch, daß der Boden vor Platzregen und somit vor Verschlämmung besser geschützt ist, bildet sich eine gute *Krümelstruktur*. Auch das Austrocknen durch starke Sonneneinstrahlung wird durch eine Bodenbedeckung verhindert.

Eine Mulchdecke schützt den Boden vor den Auswirkungen kräftiger Regengüsse ebenso wie vor Austrocknung. Die Pflanze wird mit Kohlendioxid bzw. Kohlensäure versorgt, das Bodenleben kann sich gut entfalten; Wildkräuter dagegen haben es unter einer Mulchschicht nicht so einfach

Dies ist besonders wichtig bei schweren, tonigen Böden, die zur Bildung von Trockenrissen neigen. Die *Bodengare* wird mittels einer Bodendecke erhalten und weiter verbessert. Einen richtig abgemulchten Boden braucht man deshalb kaum noch mechanisch zu bearbeiten. Zudem werden die meisten Wildkräuter durch die Mulchschicht unterdrückt. Nicht zuletzt läßt sich durch die herabgesetzte Verdunstung gerade im Sommer einiges an Gießwasser sparen. So trägt das Mulchen auch zur Schonung der Grundwasserreserven bei.

# Mulchmaterialien

Zum Mulchen können die unterschiedlichsten Materialien herangezogen werden. Dies sind unter anderem: Reste aus den Gemüsebeeten wie Kohlblätter, Hüllblätter von Salaten, welke Blumen, Wildkräuter ohne Samen; Rasenschnitt läßt sich sehr gut verwenden, sollte aber nicht zu dick aufgetragen werden. Manche Gartenbesitzer äußern zu Recht Bedenken wegen einer eventuellen Belastung des Grasschnittes durch Benzindämpfe. Nach bisherigen Erfahrungen haben die Dämpfe von Benzinrasenmähern jedoch keine feststellbaren negativen Auswirkungen. Wer ganz sichergehen will, muß entweder zum Elektromäher oder zum sicher umweltfreundlichsten und für den Anwender gesündesten Gerät, dem Handrasenmäher greifen. Baum- und Strauchschnitt, Stroh,

Laub und Heu sind ebenfalls recht gut geeignete Mulchmaterialien.

Zur Verwendung von Wildkräutern sei gesagt, daß diese zum Teil eine heilende Wirkung auf die ummulchten Pflanzen ausüben. Wermut zum Beispiel verhindert den Säulenrostbefall bei Johannisbeeren, aber auch Farnkraut und Beinwell stärken die Vitalität der angebauten Pflanzen. Kranke Pflanzenteile sollten nicht zum Mulchen eingesetzt werden, ebenso ist die Quecke hierfür nicht geeignet.

Ein weiterer Gesichtspunkt, der berücksichtigt werden muß, ist die eventuelle Stickstoffestlegung bei zu kohlenstoffhaltigem Material, also bei Substanzen mit einem sehr weiten *C/N-Verhältnis* (s. a. Übersicht S. 29). Holz- und Heckenschnitt zum Beispiel hat ein C/N-Verhältnis von $100-200:1$, bei Sägemehl und Rinde liegt es etwa in der gleichen Größenordnung. Die Mikroorganismen brauchen für ihren Stoffwechsel Kohlenstoff und Stickstoff in einem Verhältnis von etwa $10-30:1$. Liegt das C/N-Verhältnis wie beim *Holzhäcksel* sehr weit auseinander, so versorgen sich die Mikroorganismen mit dem Stickstoff aus dem Boden.

Dieser Stickstoff wird in den Organismen festgelegt und ist für die ummulchten Pflanzen nicht mehr verfügbar. Deshalb muß bei stark kohlenstoffhaltigem Material eine zusätzliche Stickstoffversorgung erfolgen. Dazu bringt man unter der Mulchdecke eine dünne Schicht aus Mist, Frischkompost, Hornspänen oder anderen stickstoffreichen Materialien aus.

# Mulchen – eine praktische Anleitung

Mit Beginn des Frühjahrs wird die Mulchschicht vom letzten Winter entfernt und auf den Kompost gegeben, damit sich der Boden im Frühjahr schneller erwärmt. Nun kann wie gewohnt gesät und gepflanzt werden. Je nach Witterung trägt man zwischen April und Mai wieder eine neue Mulchschicht auf. Es ist vorteilhaft, vor dem Abmulchen die Wildkräuter mit Wurzeln zu entfernen. Für dieses Mulchen im Frühjahr kommen besonders der erste Rasenschnitt oder Brennnesseln in Betracht. Zur Bodenbedeckung bei Kartoffeln eignet sich Schnittgut von kalireichen Pflanzen wie Beinwell oder Farnkraut. Bei Jungpflanzen empfiehlt es sich, den Mulch mit einem gewissen Abstand zu den empfindlichen Setzlingen auszubringen. Grünes Material sollte vor der Verwendung einige Tage anwelken und nur sehr dünn verteilt werden, um Fäulnis vorzubeugen (s. a. „Kompostpflege"). Mulchmaterial dieser Art hat meist ein günstiges, enges C/N-Verhältnis, bei Rasenschnitt zum Beispiel beträgt es 10–25:1. Eine zusätzliche Stickstoffversorgung ist also nicht nötig. Stoffe mit sehr wenig Struktur sollte man nur dünn auftragen. Trockenes Stroh oder Heu dagegen kann bis zu 15 cm dick angebracht werden. Hier ist es empfehlenswert, an eine zusätzliche Stickstoffversorgung zu denken; setzen Sie Mist oder Frischkompost unter der eigentlichen Mulchschicht ein, oder bestreuen Sie diese mit Hornmehl. Sollen später im Jahr neue Pflanzen gesetzt oder gesät werden, wird die Mulchschicht einfach beiseite geschoben. Zum Mulchen von Hecken und Beerensträuchern kann man auch längerhaltendes Material verwenden, zum Beispiel Laub, Baum- und Heckenschnitt oder auch den gehäckselten Tannenbaum vom Weihnachtsfest. Beerensträucher vertragen diesen leicht sauren Mulchbelag sehr gut. Es sollte aber auf eine ausreichende Stickstoffversorgung geachtet werden. Hecken sind da anspruchsloser, hier reicht es, das Laub vom Herbst einfach unterzuharken und mit etwas Gartenerde gegen Verwehung zu sichern.

Obstbäume werden über die Baumscheibe (s. „Kompostanwendung im Hausgarten")

**Vor dem Säen oder Pflanzen entfernt man die Mulchschicht vom Vorjahr; so kann sich der Boden besser erwärmen**

abgemulcht. Hier lassen sich alle genannten Materialien verwenden, besonders natürlich das Laub des Baumes selbst, sofern kein Krankheitsbefall vorliegt. Die Mulchdecke kann das ganze Jahr über auf der Baumscheibe verbleiben. Besonders im Frühjahr ist ein helles Mulchmaterial vorteilhaft, da sich dadurch der Boden langsamer erwärmt und die Blüte leicht verschiebt. Dies kann bei Spätfrösten unter Umständen die Ernte vor Schäden schützen. Eine Bepflanzung der Baumscheibe mit Kapuzinerkresse sieht schön aus und vermindert den Befall der Obstbäume mit Läusen.

Bei Neubaugrundstücken, deren Böden oft völlig verdichtet sind, hat sich das Mulchen sehr bewährt. Hier sollte mit einer *Gründüngung* begonnen werden. Die dafür in Frage kommenden Pflanzen durchwurzeln den Boden zum Teil bis zu 2 m Tiefe und schaffen so Lüftungskanäle für die Wasser- und Luftversorgung. Im Herbst werden die Pflanzen abgemäht und verbleiben als Mulch auf der Fläche. Zusätzlich sollte man noch Laub, Frischkompost und anderes Mulchmaterial aufbringen. Anschließend wird diese Schicht leicht in den Boden eingeharkt. So kann schon im ersten Jahr eine wesentliche Verbesserung des Bodens erreicht werden.

Gegen das Mulchen wird oft eingewendet, daß es Schnecken und Wühlmäuse stark begünstigt. Wenn man jedoch einige Vorsichtsmaßnahmen beachtet, ist ein solcher Befall sicher in den Griff zu bekommen. Schnecken lieben dunkle, feuchte Orte, an denen sie sich tagsüber verkriechen kön-

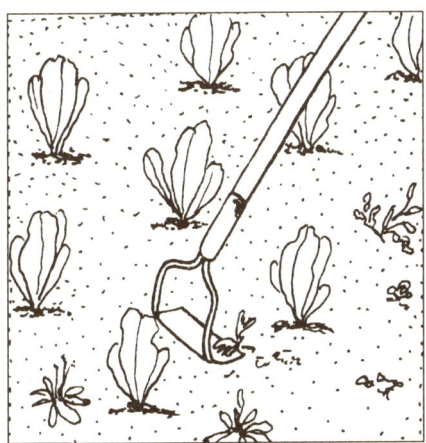

**Ehe eine neue Mulchdecke ausgebracht wird, sollte man Wildkräuter entfernen und dabei den Boden leicht aufhacken**

**Bei Setzlingen empfiehlt es sich, das Mulchmaterial mit etwas Abstand zu den Pflanzen auszubringen**

**57**

nen. Sie gehen im Schutz der Nacht auf Futtersuche. Die Eier legen sie gerne in der obersten Bodenschicht ab, bevorzugt unter Brettern, und zwar im Herbst. Deshalb darf Mulchmaterial, das im Herbst oder Winter ausgebracht wurde, im Frühjahr nicht wieder auf die Beete, sondern ist zu kompostieren.

Weiterhin sollte das Mulchmaterial möglichst locker ausgebracht werden. Igel und Spitzmaus, aber auch Vögel sind so in der Lage, die Schnecken und deren Eier leichter zu finden. Zusätzlich kann man alte Bretter im Garten auslegen, unter denen sich die Schnecken am Tage besonders gerne aufhalten. Von dort lassen sie sich dann absammeln. Sollte die Schneckenplage dennoch überhandnehmen, empfiehlt es sich, das Mulchmaterial für einige Tage zu entfernen und die Schnecken ihren natürlichen Feinden zu überlassen. Wühlmäusen kann mit Hilfe von Jauche aus Holunderblättern begegnet werden, die man in die Gänge gießt. Den Geruch dieser Jauche vertragen die Mäuse nicht, so daß sie den Garten verlassen.

# Flächenkompostierung

Eine andere Art der Bodenabdeckung ist die Flächenkompostierung. Hier werden nicht nur angewelkte Pflanzenreste verwendet, sondern auch angerottetes Material. Es handelt sich also um eine Kompostierung auf größerer Fläche. Die Mikroorganismen wandeln die Stoffe um, setzen Nährstoffe frei, und die Pflanze kann diese sofort aufnehmen. Das angerottete Material sollte recht dünn aufgetragen werden, damit keine faulende Zonen entstehen. Rasenschnitt eignet sich besonders gut. Bei Obstbäumen kann man ähnlich wie beim Mulchen eine sogenannte *Baumscheibenkompostierung* durchführen, die ihnen sehr gut bekommt.

# Sonder- und Spezialkomposte

## Laubkompost

Wer viele Laubbäume im Garten hat, sollte die Blätter in einem gesonderten Komposthaufen aufsetzen. Laub, ein sehr kohlenstoffhaltiges Material, beinhaltet wenig Stickstoff und verrottet wesentlich langsamer als andere Reststoffe. Ein vernünftig aufgesetzter Laubkompost ist eine wertvolle Bereicherung für jeden Garten, besonders wenn er auf den Baumscheiben der Obstbäume verwendet wird. Die Bäume erhalten so die über die Blätter und Früchte entzogenen Nährstoffe zurück. Um *anaerobe* Verhältnisse zu vermeiden, ist darauf zu achten, daß das Laub bei der *Rotte* nicht verklebt und verdichtet. Der Kompost würde dann nicht zersetzt, sondern anfangen zu faulen. In diesem Fall bilden sich schnell Schwefelwasserstoff, Buttersäure und andere stechend riechende Faulgase. Setzen Sie Laub deshalb nicht zu feucht auf. Am günstigsten mischt man *Holzhäcksel* oder ähnliches unter. Bei Zugabe von genügend strukturiertem Material dieser Art kann man auch das Laub mit dem Rasenmäher vorzerkleinern, um die Rotte etwas zu beschleunigen.

Auch der Laubkompost wird schichtweise aufgebaut: Auf die obligatorische Matte zur Drainierung (s. „Kompostpflege") werden 20 cm Laub-Holzhäcksel-Gemisch geschichtet, hierauf folgen entweder Mist, Hornspäne (3–5 kg/m$^3$) oder Grasschnitt dünn als Stickstofflieferanten. Zur „Impfung" mit *Mikroben* gibt man etwas Reifekompost und zur schnelleren Bildung der *Ton-Humus-Komplexe* ein wenig Bentonit (Tonmehl) bei. Ist die Miete auf 1,50 m angewachsen, wird gleichmäßig Erde darüber verteilt, um ein Verwehen des Laubes durch Wind zu verhindern. Nach ungefähr 4 Wochen, die Temperatur hat sich jetzt auf 25–30°C abgesenkt, wird der Kompost umgesetzt. Erst dann ist wieder die Möglichkeit der Rottekontrolle gegeben. Ist der Kompost in der Grundsubstanz zu trocken oder zu feucht, sollte nach den üblichen Methoden reguliert werden (s. „Kompostpflege"). Nach dem Umsetzen deckt man den Kompost wieder mit Erde ab und läßt ihn bis zum nächsten Herbst oder besser noch bis zum Frühling ruhen; im Herbst wird ja nicht allzuviel Kompost benötigt. In der Regel muß man bei einem Laubkompost also mit etwa

1–1½ Jahren vom Aufsetzen bis zur Reife rechnen. Zum Abmulchen der Baumscheiben kann man den Laubkompost bei Bedarf aber auch schon früher benutzen. Als Bodenbedeckung ist das Rottegut ebenfalls gut geeignet. Es sollte dabei allerdings berücksichtigt werden, daß es einen recht niedrigen *pH-Wert* hat; Himbeeren, Erdbeeren, Rhododendren und Azaleen sind aber dankbare Abnehmer.

**Ein gezielter schichtweiser Aufbau fördert die optimale Rotte bei Kompostierung großer Laubmengen: Auf eine Drainageschicht aus strukturreichem Material (Holzhäcksel, Stroh) folgen abwechselnd je eine 20 cm dicke Lage von mit Häcksel gemischtem Laub und eine dünne Schicht aus Mist, Hornspänen oder Rasenschnitt. Wenn die Miete eine Höhe von 1,50 m erreicht hat, deckt man sie rundum mit Erde ab. Eine zusätzliche Decke aus Rasenschnitt oder ähnlichem verhindert den Aufwuchs von Wildkräutern**

# Mistkomposte

In der Landwirtschaft fallen oft große Mengen von organischen Abfällen in Form von Mist an. Dieser meist mit Stroh vermischte Mist ist sehr nährstoffreich und eine Bereicherung für jeden Garten. Pferdemist zum Beispiel läßt sich bei der Anlage eines Spargelbeetes hervorragend einsetzen. Allerdings empfiehlt es sich, genau auf die Herkunft des Düngers zu achten. Man sollte sich erkundigen, ob und welches Spritzmittel im Stroh vorhanden sein könnte. Frisches Stroh von Getreide, das kurz vor der Ernte mit Fungiziden (Pilzbekämpfungsmitteln) behandelt wurde, verrottet auch unter optimalen Bedingungen nicht oder nur sehr schwer. In diesem Fall sollte der Mist tunlichst keine Verwendung im Garten finden. Beim Ansetzen von Mistkomposten muß unbedingt eine maximale Mietenhöhe von 80 cm eingehalten erden, da sich bei der Zersetzung extrem hohe Rottetemperaturen einstellen, die zu Ammoniakausgasung und damit auch zu Stickstoffverlusten führen. Die geringe Mietenhöhe verhindert durch den im Verhältnis großen Anteil an kühlen Außenzonen diesen Prozeß weitestgehend.

**Rindermist** wird mit einem Drittel Erde oder Kompost gemischt. Bei genügend hohem Strohanteil ist eine ausreichende Luftzufuhr gegeben, und man erhält schon nach wenigen Monaten einen nährstoffreichen Kompost, der für stark zehrende Pflanzen besonders gut geeignet ist.

**Pferde- und Schafsmist** sind wie Rinderdung zu kompostieren. Bei beiden kann es während der Rotte im Innern der Miete zu sehr hohen Temperaturen kommen. **Hühnermist** ist im Vergleich zu Rinderdung noch schärfer bzw. nährstoffreicher und weist zudem eine ungünstige Struktur auf. Zur Ablöschung bieten sich hier, neben Holzhäcksel und Stroh, Sägespäne als kohlenstoffhaltiges Strukturmittel an. Unter Beimischung von 10 % Erde oder Kompost wird der so vorbehandelte Mist dann zur Miete aufgesetzt.

Alle Mistkomposte sollten mit Erde abgedeckt werden. Bei tierischen Düngern darf man keinen Kalk als Zugabe verwenden, da sich sonst in Verbindung mit Stickstoff das übelriechende Ammoniak bildet. Dieses stechende Gas entweicht in die Atmosphäre und erhöht somit unnötig die Stickstoffverluste während der Rotte.

Sind größere Mengen an **Stroh** zu verwerten, können sie als Mulchmaterial eingesetzt oder ebenfalls kompostiert werden. Getreidestroh weist einen hohen Silikatgehalt auf, der später das Wachstum der ummulchten Pflanzen fördert. Durch Zerkleinerung läßt sich die Saugfähigkeit des Strohs erheblich erhöhen. Sein sehr weites C/N-Verhältnis schwankt etwa zwischen 50–150:1. Zur nötigen Stickstoffversorgung können das Zugeben von Rizinusschrot und Hornspänen (1 kg/m$^3$ Kompost) oder die Verwendung von reichlich Brennesseljauche beitragen.

# Wurmkompost

*„Le bon dieu – der liebe Gott – weiß, wie man fruchtbare Erde macht, und er hat sein Geheimnis den Regenwürmern anvertraut.“*
(Französische Bauernweisheit)

Wer kennt sie nicht, die kleinen schwarzen Hügel, die fast jeden Morgen von neuem auf Grasflächen, Beeten und sogar auf Pflasterfugen auftauchen. Der aufmerksame Beobachter findet im Herbst zusammengerollte Blätter, die im Boden stecken. Diese „Aufräumarbeiten" sind dem Regenwurm zuzuschreiben.

Es gibt von ihm weltweit etwa 3000 Arten. In unseren klimatischen Breiten sind etwa 39 Regenwurmarten beheimatet. Die Unterschiede in Aussehen, Körperbau etc. ergeben sich daraus, daß die Arten bestens an ihre jeweilige Umgebung angepaßt sind. Alle Regenwürmer sind Zwitter, also zweigeschlechtlich. Sie legen Kokons, aus denen dann die Jungwürmer ausschlüpfen. Der rote Mistwurm (Eisenia foetida), der auch als Kompostwurm bezeichnet wird, gräbt seine Gänge vor allem in der obersten Bodenschicht. Regenwürmer sind nicht in der Lage, frisches Grüngut zu verarbeiten, zuvor muß es von *Mikroorganismen* teilweise aufgeschlossen werden. Die Kompostwürmer nehmen die so vorverdauten Stoffe auf und vermischen in ihrem Kaumagen organische und mineralische Bestandteile. Dabei entstehen die wertvollen *Ton-Humus-Komplexe.*

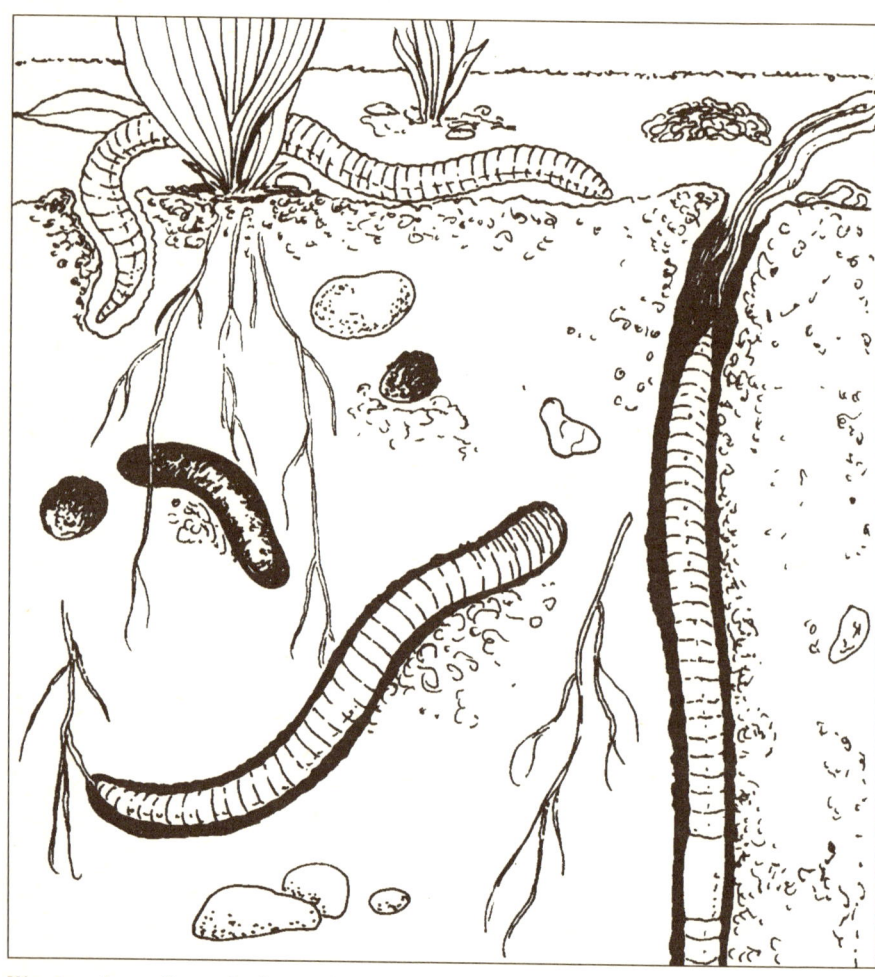

Wer in seinem Gartenboden viele Regenwürmer vorfindet, braucht sich um dessen Fruchtbarkeit keine Sorgen zu machen. Die Würmer graben oft über 1 m tiefe Röhren, die eine gute Durchlüftung und Wasserführung im Boden sicherstellen und den Pflanzenwurzeln den Weg in die Tiefe bahnen. Über 100 Wurmröhren pro m$^2$ sind auf gut mit Humus versorgten Böden keine Seltenheit. Durch ihre wühlende Tätigkeit bewirken die Würmer eine gute Durchmischung. Von unschätzbarem Wert ist darüber hinaus ihre Fähigkeit, in ihrem Verdauungskanal Ton-Humus-Komplexe zu bilden

## Hinweise zur Kompostierung mit Würmern

Die Würmer bevölkern einen Kompost, sobald die Bedingungen für sie angemessen sind: Temperaturen unterhalb 40 °C und ein Feuchtegehalt von etwa 60–70 %. Je nach Ausgangsmaterial und Rottestadium ist der Kompostwurm mehr oder weniger zahlreich vertreten. Die Ausscheidungsprodukte (Wurmlosung) werden auch als **Wurmhumus** bezeichnet.

Diesen besonderen Kompost kann man mittlerweile über den Fachhandel oder – wie auch die Kompostiersysteme – im Direktvertrieb beziehen. Die Preise liegen zwischen 4 und 12 DM pro Liter. Wurmhumus enthält im Vergleich zu guter Gartenerde die 7fache Menge an Stickstoff, 3mal soviel Kalium, doppelt soviel Phosphor und 6mal soviel Magnesium. Das Besondere am Wurmkompost ist aber sein hoher Anteil an Ton-Humus-Komplexen.

Ein solcher Wurmhumus läßt sich mit sehr einfachen Mitteln im Garten oder sogar auf dem Balkon selbst herstellen. Im Garten ist die einfachste Methode die Wandermiete (s. Seite 33). Die Miete sollte gegen Freßfeinde wie Maulwürfe, Wühlmäuse, Kröten, Igel und Vögel geschützt sein. (Zur Veranschaulichung sei gesagt, daß ein in die Wurmzucht einbrechender Maulwurf in einer einzigen Nacht bis zu 300 Würmer genüßlich verdrückt.) Zum Schutz genügt es, den Boden mit Steinen oder Platten auszulegen (kein Schotterunterbau oder ähnliches); kleine Zwischenräume sind nicht weiter tragisch, im Gegenteil, unter

Umständen müssen die Würmer die Miete kurzfristig verlassen. Dies kann der Fall sein, wenn sich das Rottegut zu stark erhitzt oder zu trocken geworden ist. Nachdem sich die Bedingungen für die Würmer wieder normalisiert haben, kehren sie zurück. Gegen Vogelfraß deckt man die Miete mit samenfreiem Grasschnitt, Laub oder auch einem Vogelschutznetz ab. Die zu kompostierenden Stoffe werden wie bei der normalen Kompostierung locker aufgeschichtet. Die Miete sollte nicht höher als 60–80 cm sein, damit die Luftzufuhr gesichert ist und keine allzu hohen Rottetemperaturen entstehen bzw. länger andauern. Die Würmer können mit allen Küchen- und Gartenabfällen gefüttert werden. Wenn nach dem Prinzip der Wandermiete gearbeitet wird, kann man eine beliebig lange Miete ziehen. Die Würmer wandern dann den frisch aufgeschichteten Materialien hinterher. Nach 3 bis 4 Monaten ist der zuerst aufgesetzte Wurmkompost vollständig durchgearbeitet.

Ein Zukauf von Würmern ist für dieses Verfahren nicht notwendig. Durch gezieltes Füttern mit „Leckerbissen" wie Zwiebelschalen, Lauchresten, Kaffeesatz und Teebeuteln sowie durch das Feuchthalten der Erde wandern die Würmer von selbst ein. In unserer eigenen Wurmzuchtanlage wurde kein einziger gekaufter Wurm eingesetzt – schon nach einem Jahr war ein Bestand von etwa 500 000 Würmern vorhanden. Wesentlich ist, daß die Bedingungen für die Würmer in der Miete deutlich besser sind als in der Umgebung.

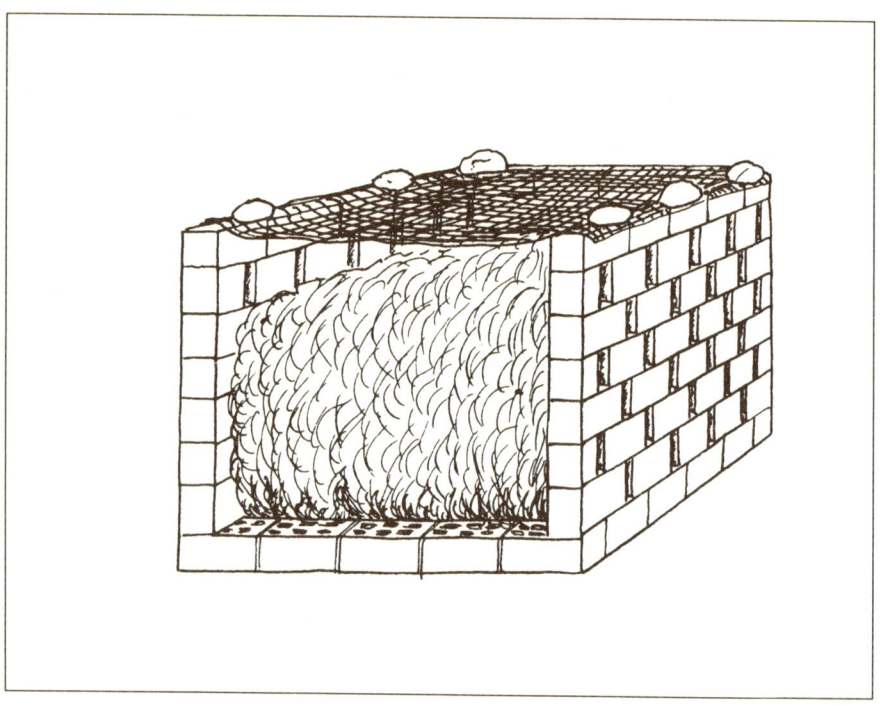

Lose aufgeschichtete Steine, die man nach dem Prinzip der Wandermiete umgruppieren kann, bilden für die Kompostierung mit Würmern den geeigneten Rahmen. Zuunterst ausgelegte Steine schützen vor Maulwürfen und anderen Tieren, für die Kompostwürmer Leckerbissen sind. Die Miete sollte nur bis zu 80 cm hoch aufgeschichtet werden, um Luftabschluß und übermäßige Rottetemperaturen zu vermeiden

## Anwendungsempfehlungen für Wurmhumus

Durch die Zugabe von Wurmhumus gelangen unzählige Mikroorganismen mit in den Boden. Dadurch wird eine Belebung erreicht, was sich positiv auf die Bodenfruchtbarkeit auswirkt. Wurmhumus kann man als Beigabe mit in die Pflanzrille oder das Pflanzloch verabreichen. Keimendes Saatgut reagiert empfindlich auf Nährstoffe, beim Säen sollte deshalb nur wenig Wurmhumus zugegeben werden.

Für stark zehrende Gemüse sind etwa 200g/m² ausreichend, Mittelzehrer benötigen etwa 100g/m², und für schwach zehrende Pflanzen reichen schon 50g/m² (zur Einteilung der Gemüsearten s. „Kompostanwendung im Hausgarten").

Obstbäume erhalten 1–2 Schaufeln Wurmhumus ins Pflanzloch und für die laufende Versorgung etwa 100g/m² auf die *Baumscheibe*. Dieser Bereich sollte möglichst immer bedeckt sein, zum Beispiel mit *Holzhäcksel*, Laub oder auch Rasenschnitt. Blumenbeete sind mit etwa 100g Wurmhumus je m² ausreichend bedacht. Auch Rasenflächen können mit Wurmhumus versorgt werden. Bei einer Neuansaat sind etwa 200g/m² zu verwenden, die gleiche Menge wird nochmals im Frühjahr und Herbst ausgebracht. Dies sorgt für eine ausgewogene Nährstoffversorgung und wirkt so der Moosbildung und einigen Pilzkrankheiten entgegen.

Soll Wurmkompost auch für Zimmerpflanzen und Balkonkästen eingesetzt werden, empfiehlt es sich, ihn vorher fein zu sieben. In dem abgesiebten Material befinden sich noch viele Wurmeier (Kokons), deshalb sollte er noch einige Wochen abgedeckt liegenbleiben, um ausschlüpfenden Jungtieren die Gelegenheit zum Abwandern zu geben. Topfpflanzen benötigen ein strukturreiches Substrat, das eine hohe Speicherkapazität für Wasser und Luft aufweist. Eine Mischung aus Blumenerde und Wurmhumus im Verhältnis 7:1 ist für die meisten Blumen geeignet.

Auch als Bestandteil von Aussaaterde hat sich Wurmhumus sehr gut bewährt. Er sollte hier allerdings nur in kleinen Mengen verwendet werden. Das Aussaatsubstrat sollte höchstens zu einem Zehntel aus Wurmhumus bestehen.

# Anhang

## Kompost ABC

***aerob***: mit Sauerstoffzufuhr, bei Anwesenheit von Sauerstoff

***anaerob***: ohne Sauerstoffzufuhr, unter Sauerstoffabschluß

***Apatit***: phosphathaltiges Mineral, in den meisten Gesteinen in feinster Verteilung vorhanden; Formel: $Ca_5 [(F, Cl) (PO_4)_3]$; wichtige Quelle für den Hauptnährstoff Phosphor

***Baumscheibe***: Fläche um einen Baum, die durch Mulchen pflanzenfrei gehalten wird

***Biotonne***: Sammelbehälter bei Getrenntsammlung und Abfuhr von Küchen- und Gartenreststoffen durch Entsorgungsbetriebe; Farbe meist grün oder braun, regional auch „grüne Tonne" genannt

***Blaukorn***: unter hohem Energieaufwand hergestellter körniger Mineraldünger; wird zur Versorgung mit Hauptnährstoffen, vor allem mit Stickstoff, eingesetzt

***Bodengare***: optimaler Zustand eines Bodens, das heißt günstige Anordnung der festen Bodenbestandteile und der luft- und wasserführenden Poren; kann durch Bearbeitung, Frost, ständige Beschattung durch Pflanzen und Kalkgaben erreicht werden, am besten jedoch durch Mulchen und Versorgung mit Kompost

***Bodenschluß***: direkter Bodenkontakt, z. B. eines Kompostbehälters; ermöglicht beim Kompost Zu- und Abwandern von Organismen

***C/N–Verhältnis***: Mengenverhältnis von Kohlenstoff (C) zu Stickstoff (N) in Kompost- und Mulchmaterial (auch in Böden). Bei hohem Angebot an C brauchen die pflanzlichen Organismen, die organisches Material verarbeiten, große Mengen an N zum Eiweißaufbau. Enthält die organische Substanz im Vergleich zum vorhandenen C wenig N, ergibt sich ein weites bzw. großes C/N-Verhältnis. Ist dieses Verhältnis größer als 20 : 1, dann verwenden die *Mikroben* den frei verfügbaren N, um ihn in ihren Organismus einzubauen. Dieser N wird dem Boden entzogen und ist so den Pflanzen nicht mehr zugänglich, ein Vorgang, der als Stickstofffestlegung bezeichnet wird. Wenn das Verhältnis eng, also kleiner als 20 : 1 ist, verfügen die *Mikroorganismen* über ausreichend N, so daß es zu keiner Festlegung kommt.

***Dauerhumus***: Hauptbestandteil der organischen Bodensubstanz wichtigster Bestandteil des Humus; setzt sich aus biologisch schwer abbaubaren Stoffen zusammen, dient als langfristige Nährstoffreserve und bildet mit Bodenmineralien stabile *Ton-Humus-Komplexe*

**Depotschwamm:** Begiff zur Charakterisierung der besonderen Eigenschaft des *Dauerhumus*, Wasser sowie Mineralstoffe zu speichern und dabei pflanzenverfügbar zu halten

**Feuchte:** meist in % angegebene Größe zur Kennzeichnung des Wassergehaltes (z. B. Bodenfeuchte, Luftfeuchte)

**Gärung:** *anaerobe* Zersetzung; oft verbunden mit Fäulnis, Bildung von Schwefelwasserstoff, Buttersäure und anderen, teils toxischen (giftigen) Faulgasen

**Gründüngung:** Verfahren der organischen Düngung; dabei werden geeignete Pflanzen wie Inkarnatklee, Ölrettich oder Phacelia flächig ausgesät. Nach dem Aufwachsen mäht man sie ab oder läßt sie über Winter abfrieren. Die zum Teil tief reichenden Wurzeln schließen den Boden auf, Wurzel- und oberirdische Rückstände fördern das Bodenleben und dienen als langsam fließende Nährstoffquelle

**Häcksler:** Gerät zur Zerkleinerung von Baum- und Heckenschnitt. Über einen Trichter werden die Zweige bzw. Äste auf eine rotierende, mit Messern besetzte Scheibe geleitet, die das Rohmaterial zu kleinen Schnipseln schneidet oder hackt. Der Gehölzschnitt muß frei sein von Sand und Erde, damit ein optimales Arbeiten der Messer gewährleistet bleibt (s. a. *Holzhäcksel)*

**Hammermühle:** aus der Landwirtschaft übernommenes, für die Kompostwirtschaft abgeändertes Zerkleinerungsaggregat, wird auch als Shredder bezeichnet. Die Funktion läßt sich in etwa mit der des *Häckslers*

vergleichen, die Hackscheibe ist hier jedoch durch auf eine Rotorwelle ersetzt, der freischwingende Schlegel montiert sind. Diese reißen das Rohmaterial langfasrig auf. Bedingt durch die freischwingenden Schlegel ist das Gerät unempfindlicher gegen Steine und andere Fremdkörper. Deshalb können auch Erde und Wurzelballen mitverarbeitet werden.

**Holzhäcksel:** durch Verarbeitung mit einem *Häcksler* gewonnene Holzschnipsel von bis zu 5 cm Größe; auch als Mulchmaterial oder als Belag für Wege geeignet

**homogenisieren:** mischen

**Kressekeimtest:** Prüfung des Reifegrades von Kompost durch Aussäen von Kressesamen. Wenn nach 3 bis 4 Tagen der größte Teil gekeimt hat, handelt es sich um gut pflanzenverträglichen, vielseitig einsetzbaren Reifekompost.

**Krümelstruktur:** vorteilhafte, stabile Zusammensetzung eines Bodens aus rundlichen, lose miteinander verbundenen Ballungen von Bodenteilchen; die Bildung einer Krümelstruktur wird vor allem durch organische Substanz und Bodenlebewesen gefördert

**Liebig, Justus von:** Naturwissenschaftler (1803–1873), Begründer der „Mineralstofftheorie" und der Agrikulturchemie; Entwicklung der ersten Kunstdünger

**Makrofauna:** mit dem bloßen Auge oder einer Lupe erkennbare tierische Lebewesen (größer als 2 mm); die Makrofauna des Bodens (z. B. Regenwürmer) ist wichtig für die Bildung von Ton-Humus-Verbindungen

*Miete:* Haufen aus aufgeschichtetem organischem Material mit meist geometrischer Form; je nach Querschnitt unterscheidet man Walmen-, Trapez- und Dreiecksmieten

*Mikroben, Mikroorganismen:* nur unter dem Mikroskop sichtbare Kleinstlebewesen, pflanzlich (Mikroflora) und tierisch (Mikrofauna); zersetzen im Boden unter anderem schwerlösliche Eisen- und Phosphorverbindungen; Aktinomyzeten (Strahlenpilze) bedingen den charakteristischen Erdgeruch

*Nährhumus:* leicht zersetzbarer Bestandteil des Humus, im Ab- und Umbau begriffen; gute Nährstoffquelle

*pH-Wert:* Maßeinheit zur Bestimmung des Säuregrads von Boden, Kompost oder Wasser; die pH-Wert-Skala reicht von 1 bis 14: unter 5,5 = sauer, 7 = neutral, über 7,4 = basisch; gute Komposte haben in der Regel einen pH–Wert von 7,5 bis 8,5

*Prozeßwasser:* Sickerwasser, überschüssiges Wasser; tritt bei falscher Rotteführung aus dem Fuß der Kompostmiete aus

*Rotte, Rotteprozeß:* unter *aeroben* Bedingungen ablaufende biochemische Zersetzung von organischem Material; läßt sich unterteilen in Abbauphase, Umbauphase und Aufbau- bzw. Reifephase

*Schattengare:* *Bodengare*, die entsteht bzw. erhalten wird, indem Pflanzen mit

ihren Blättern den Boden vor praller Sonne und starkem Regenfall schützen

*separieren:* trennen, nach Fraktionen oder Güteklassen getrennt sammeln; z. B. Separieren des Hausmülls nach Papier, Plastik, organischen Abfällen usw.

*Shredder:* englischer, mittlerweile auch im Deutschen geläufiger Begriff für Zerkleinerungsaggregat, das nach dem Prinzip der *Hammermühle* arbeitet

*Sorptionsträger:* *Sorption* = Anlagerung von Stoffen in Form elektrisch geladener Teilchen (Ionen) an sogenannte Bodenkolloide. Die wichtigsten Bodenkolloide sind Tonminerale und Huminstoffe, die als Sorptionsträger angelagerte Nährstoffionen im Austausch gegen andere geladene Teilchen abgeben, so daß sie der Pflanze zur Verfügung stehen.

*substituieren:* austauschen, ersetzen

*Ton-Humus-Komplexe:* stabile Verbindungen aus Humus und mineralischen Bodenbestandteilen, die im Darm von Bodentieren entstehen; äußerst wichtig für die Struktur und Fruchtbarkeit eines Bodens

*umsetzen:* umschichten von Kompost zur Förderung des Rotteprozesses

*Zwei-Fach-Stiege:* offener Kompostbehälter mit zwei Fächern bzw. Boxen; günstiges Mehrfachsystem zur Verarbeitung von Küchen- und Gartenabfällen

# Register

# NÜTZLICHE RATGEBER

## EINE AUSWAHL

Stand: Frühjahr 1991

## Essen und Trinken

**Meine feine Bürgerliche Küche**
(4411-9) Von E. Falout, 160 S., 119 Farbfotos, Pappband. ●●●

**Kochen für 1 Person**
Rationell wirtschaften, abwechslungsreich und schmackhaft zubereiten. (0586-5) Von M. Nicolin, 104 S., 8 Farbtafeln, 23 Zeichnungen, kart. ●

Schnell und individuell
**Die raffinierte Single-Küche**
(4266-3) Von F. Faist, 160 S., 151 Farbfotos, Pappband. ●●●

Für Kenner und Genießer **Lamm**
(1090-7) Von H. Imhof, 64 S., 50 Farbfotos, Pappband. ●

Frischer Fang aus Fluß und Meer **Fisch**
(0964-X) Von L. Grieser, 64 S., 69 Farbfotos, Pappband. ●

Edler Kern in harter Schale **Meeresfrüchte**
(0886-4) Von L. Grieser, 48 S., 52 Farbfotos, Pappband. ●

Gaumenfreuden Tag für Tag
**Pfannengerichte**
(1007-9) Von S. Fabke, 64 S., 54 Farbfotos, Pappband. ●

Von Tatar und falschen Hasen **Hackfleisch**
(0866-X) Von A. und G. Eckert, 64 S., 42 Farbfotos, Pappband. ●

Aus eigener Küche **Gute Wurst**
(0948-8) Von J. Bessel, G. Quaas, 80 S., 8 Farbtafeln, kart. ●

Aus lauter Lust und Liebe **Knoblauch**
(0867-8) Von L. Reinirkens, 64 S., 45 Farbfotos, Pappband. ●

Kochen und würzen mit **Paprika**
(0792-2) Von A. und G. Eckert, 88 S., 8 Farbtafeln, kart. ●

Bintje, Irmgard und Sieglinde
**Kartoffeln**
(1032-X) Von S. Fabke, 64 S., 43 Farb- und 1 s/w-Foto, Pappband. ●

Leicht und lecker
**Nudelgerichte**
Die besten Rezepte aus der 3 GLOCKEN-Feinschmecker-Küche.
(0466-4) Von Chr. Stephan, 80 S., 8 Farbtafeln, kart. ●

Pasta in Höchstform **Nudeln**
(0884-0) Von M. Kirsch, 64 S., 62 Farbfotos, Pappband. ●

Kräftig klar und cremig zart **Feine Suppen**
(1031-1) Von H. Imhof, 64 S., 48 Farbfotos, Pappband. ●

Herzhaftes für Leib und Seele **Eintöpfe**
(0820-1) Von P. Klein, 48 S., 30 Farbfotos, Pappband. ●

Spezialitäten unter knuspriger Decke
**Aufläufe**
(0882-1) Von C. Adam, 48 S., 33 Farbfotos, Pappband. ●

In Hülle und Fülle **Pasteten und Terrinen**
(0883-X) Von M. Kirsch, 48 S., 62 Farbfotos, Pappband. ●

Die Krönung der feinen Küche **Saucen**
(0817-1) Von G. Cavestri, 48 S., 40 Farbfotos, Pappband. ●

Schlank und köstlich **Spargel**
(1005-2) Von M. Kirsch, 64 S., 44 Farbfotos, Pappband. ●

Von Aubergine bis Zucchini **Gemüse**
(1061-3) Von H. Cohrs, 64 S., 39 Farbfotos, Pappband. ●

Statt Breakfast und Lunch **Brunch**
(1033-8) Von C. Adam, 64 S., 49 Farbfotos, Pappband. ●

Die schönsten Rezepte für
**Frühstück und Brunch**
(1063-X) Von K. Kruse-Schorling, 80 S., 8 Farbtafeln, kart. ●

Mit Lust und Liebe
**Kochen mit den Meistern**
(4445-X) 176 S., 132 Farbfotos, 50 Graffiti, Pappband. ●●●●

Zaubern mit der schnellen Welle
**Die neue Mikrowellenküche**
(4289-2) Von F. Faist, 208 S., 188 Farbfotos, Pappband. ●●●

Schnell auf den Tisch gezaubert
**Kochen mit Mikrowellen**
(0818-X) Von A. Danner, 64 S., 52 Farbfotos, Pappband. ●

Knusprig braten und backen im
**Mikrowellen-Kombigerät**
(0996-X) Von T. Peters, 128 S., 108 Farbfotos, kartoniert. ●●

Leicht und vitaminreich
**Vegetarische Mikrowellenküche**
(0995-X) Von F. Faist, 118 S., 103 Farbfotos, kartoniert. ●●

Schnell und individuell
**Mikrowellenküche für Singles**
(0997-6) Von A. Görgens, 118 S., 103 Farbfotos, kartoniert. ●●

Vom ersten Versuch zum Menü
**Mikrowellenküche leicht gemacht**
(0994-1) Von T. Peters, 112 S., 96 Farbfotos, kartoniert. ●●

Zart gedünstet, schonend gegart
**Fischgerichte aus der Mikrowellenküche**
(1092-3) Von A. Ilies, 96 S., 106 Farbfotos, kartoniert. ●●

Köstliches ganz schnell gezaubert
**Aufläufe aus der Mikrowellenküche**
(1093-1) Von K. Kruse-Schorling, 96 S., 89 Farbfotos, kartoniert. ●●

Natürlich Kochen im
**Mikrowellen-Römertopf**
(0947-X) Von F. Faist, 96 S., 8 Farbtafeln, kartoniert. ●

Das neue Fritieren
geruchlos, schmackhaft und gesund.
(0365-X) Von P. Kühne, 88 S., 8 Farbtafeln, kart. ●

Goldbraun und knusprig
**Fritierte Leckerbissen**
(0868-6) Von F. Faist, 64 S., 47 Farbfotos, Pappband. ●

**Schnell und gut gekocht**
Die tollsten Rezepte für den Schnellkochtopf
(0265-3) Von J. Ley, 96 S., 8 Farbtafeln, kart. ●

Italienische Vorspeisen **Antipasti**
(1006-0) Von S. Reiter-Westphal, 64 S., 47 Farbfotos, Pappband. ●

Schlemmerreise durch die
**Italienische Küche**
(4172-1) Von V. Pifferi, 160 S., 109 Farbfotos, Pappband. ●●●

Schlemmen wie bei Mamma Maria
**Pizzas**
(0815-5) Von F. Faist, 64 S., 62 Farbfotos, Pappband. ●

Spaghetti, Tagliatelle + Co.
**Pasta all'Italiana**
(1004-4) Von I. Seyric, 64 S., 57 Farbfotos, Pappband. ●

Pikantes und Süßes mit französischem Charme **Bistro-Küche**
(4428-3) Von V. Müller, 160 S., 130 Farbfotos, Pappband. ●●●

Schlemmerreise durch die
**Französische Küche**
(4296-5) Von H. Imhof, 160 S., 147 Farbfotos, 3 s/w-Fotos, Pappband. ●●●

Schlemmerreise durch die
**Chinesische Küche**
(4184-5) Von K. H. Jen, 160 S., 117 Farbfotos, Pappband. ●●●

Verheißungsvoll fernöstlich
**Spezialitäten aus dem Wok**
(0933-X) Von K. H. Jen, 64 S., 56 Farbfotos, Pappband. ●

Mit Lust und Liebe **Chinesisch Kochen**
(4441-0) Von Ho Fu-Lung, Uli Franz, 176 S., 189 Farbfotos, 29 Zeichnungen, Pappband. ●●●●

Mehr Freude und Erfolg beim **Grillen**
(4141-1) Von A. Berliner, 160 S., 147 Farbfotos, 10 farbige Zeichnungen, Pappband. ●●●

Köstliches von Rost und Spieß **Grillen**
(0931-3) Von A. Kalcher-Dähn, H. K. Kalcher, 64 S., 43 Farbfotos, Pappband. ●

**Rezepte rund um Raclette und Doppeldecker**
(0420-6) Von J. W. Hochscheid, 72 S., 8 Farbtafeln, kart. ●

Schlemmen in geselliger Runde
**Fleischfondues**
(0966-6) Von M. Spötter, 64 S., 62 Farbfotos, Pappband. ●

**Fondues und Raclettes**
(4253-1) Von F. Faist, 160 S., 125 Farbfotos, Pappband. ●●●

Die hier vorgestellten Bücher, Videokassetten und Software sind in folgende Preisgruppen unterteilt:

● Preisgruppe bis DM 10,–/S 79,–/SFr 10,–
●● Preisgruppe über DM 10,– bis DM 20,–
S 80,– bis S 160,–
SFr 10,– bis SFr 20,–

●●● Preisgruppe über DM 20,– bis DM 30,–
S 161,– bis S 240,–
SFr 20,– bis SFr 29,–
●●●●● Preisgruppe über DM 50,–/S 401,–/SFr 48,–

●●●● Preisgruppe über DM 30,– bis DM 50,–
S 241,– bis S 400,–
SFr 29,– bis SFr 48,–
*(unverbindliche Preisempfehlung)*

Die Preise entsprechen dem Status beim Druck dieses Verzeichnisses (s. Seite 1) – Änderungen, im besonderen der Preise, vorbehalten –

Falken-Verlag GmbH · Postfach 1120  D-6272 Niedernhausen/Ts. · Tel.: 0 61 27/70 20

1

Schmelzendes Käsevergnügen **Raclette**
(0881-3) Von F. Faist, 48 S., 33 Farbfotos,
Pappband. ●

Kulinarischer Feuerzauber **Flambieren**
(4294-9) Von R. Wesseler, 120 S., 100 Farbfotos, Pappband. ●●●

Das köstliche knackige Schlemmer-
vergnügen **Salate**
(4165-9) Von V. Müller, 160 S., 80 Farbfotos,
Pappband. ●●●

Gartenfrisch genießen
**Feine Salate**
(4450-X) Von P. Nikolay, 160 S., 122 Farbfotos, Pappband. ●●●

**Köstliche Salate**
zum Verwöhnen
(0222-X) Von Chr. Schönherr, 96 S., 8 Farbtafeln, 30 Zeichnungen, kartoniert. ●

Frisch und leicht als Hauptgericht
**Schlemmersalate**
(0934-8) Von C. Adam, 64 S., 49 Farbfotos,
Pappband. ●

Köstlich frisch auf den Tisch
**Rohkostsalate**
(0865-1) Von C. Adam, 48 S., 26 Farbfotos,
Pappband. ●

Raffiniert und gesund würzen
**Kräuterküche**
(0869-4) Von A. Görgens, 48 S., 43 Farbfotos, Pappband. ●

**Miekes Kräuter- und Gewürzkochbuch**
(0323-4) Von I. Persy, K. Mieke, 88 S.,
4 Farbtafeln, kartoniert. ●

**Joghurt, Quark, Käse und Butter**
Schmackhaftes aus Milch hausgemacht.
(0739-6) Von M. Bustorf-Hirsch, 32 S.,
59 Farbabb., Pappband. ●

Gesund und vielseitig **Alles mit Joghurt**
täglich selbstgemacht, mit vielen Rezepten.
(0382-6) Von G. Volz, 64 S., 8 Farbtafeln,
kartoniert. ●

Locker, flockig, leicht …
**Müsli & Co**
(0965-8) Von C. Adam, 64 S., 42 Farbfotos,
Pappband. ●

Bärenstark und kerngesund
**Vollwertkost für Kinder**
(0968-2) Von S. Reiter, 64 S., 44 Farbfotos,
Pappband. ●

**Gesunde Ernährung für mein Kind**
(0776-6) Von M. Bustorf-Hirsch, 112 S.,
8 Farbtafeln, 5 s/w-Zeichnungen, kart. ●

**Das Getreidemühlenkochbuch**
(1017-6) Von M. Bustorf-Hirsch, 112 S.,
8 Farbtafeln, kartoniert. ●

**Meine Vollkornküche**
Herzhaftes von echtem Schrot und Korn
(0858-9) Von S. Walz, 96 S., 8 Farbtafeln,
kartoniert. ●

Die verlockende Alternative
**Süße Vollwertküche**
(0936-4) Von A. Roßmeier, 64 S., 50 Farbfotos, Pappband. ●

Die gesunde Art, sich zu verwöhnen
**Vollwertküche für Singles**
(0937-2) Von A. Görgens, 64 S., 43 Farbfotos, Pappband. ●

Dinkel, Hirse, Roggenkorn …
**Kerniges aus der Getreideküche**
(0932-1) Von S. Frank, 64 S., 49 Farbfotos,
Pappband. ●

**Die feine Vollwertküche**
(4286-8) Von M. Bustorf-Hirsch, 160 S.,
83 Farbfotos, Pappband. ●●●

Mit Lust und Liebe …
**Vollwertküche für Genießer**
(4412-4) Von Prof. Dr. C. Leitzmann, H. Million, 256 S., 329 Farbfotos, Pappband.
●●●●

**Die feine Vegetarische Küche**
(4235-3) Von F. Faist, 160 S., 191 Farbfotos,
Pappband. ●●●

**Schmackhafte Vollwertkost ohne
tierisches Eiweiß**
(0993-3) Von M. Bustorf-Hirsch, 96 S.,
54 Farbfotos, kartoniert. ●●

**Cholesterinarm kochen und genießen**
(4442-9) Von R. Unsorg, 168 S., 132 Farbfotos, kartoniert. ●●●

Die aktuelle **Cholesterintabelle**
(1088-5) Von Dr. H. Oberritter, 84 S.,
12 zweifarbige Grafiken, kartoniert. ●

**Die aktuelle Vitamin- und
Mineralstofftabelle**
Mit Angaben zu den wichtigsten Vitaminen
und Mineralstoffen
(1110-5) Von Dr. H. Oberritter, 88 S., 1 zweifarbige Grafik, kart. ●

**Vollwertküche für Diabetiker**
Köstlich kochen und backen für die ganze
Familie
(4473-9) Von Prof. Dr. C. Leitzmann, Prof. Dr.
H. Laube, H. Million, 168 S., 172 Farbfotos,
8 Zeichnungen, Pappband. ●●●

**Kochen und backen für Diabetiker**
Gesund und schmackhaft für die ganze
Familie
(4467-4) Von Dr. med. M. Toeller, W. Schu-
macher, A. Groote, Dr. troph. A. Klischan,
176 S., 182 Farbfotos, Pappband. ●●●●

**Würzig kochen ohne Salz**
(0922-4) Von S. Roediger-Streubel, 160 S.,
16 Farbtafeln, kart. ●●

**Die Sojaküche**
Gesund und abwechslungsreich essen
(0894-5) Von U. Kolster, 80 S., 8 Farbtafeln,
kart. ●

**Gesund kochen mit Keimen und
Sprossen**
(0794-9) Von M. Bustorf-Hirsch, 96 S.,
4 Farbtafeln, 13 s/w-Zeichnungen, kart. ●

**Keime und Sprossen in der Naturküche**
(4299-X) Von M. Bustorf-Hirsch, 96 S.,
144 Farbfotos, Pappband. ●●

**Waffeln**
Hörnchen, Pfannkuchen und Crêpes.
(0522-9) Von C. Stephan, 64 S., 8 Farbtafeln,
kart. ●

Mehr Freude und Erfolg beim
**Brotbacken**
(4148-9) Von A. und G. Eckert, 160 S.,
177 Farbfotos, Pappband. ●●●

**Meine Vollkornbackstube**
Brot · Kuchen · Aufläufe. (0616-0) Von
R. Raffelt, 96 S., 4 Farbtafeln, 12 Zeich-
nungen, kartoniert. ●

**Die feine Vollkornbackstube**
(4474-7) Von M. Bustorf-Hirsch, 160 S.,
128 Farbfotos, Pappband. ●●●

Mit Körnern, Zimt und Mandelkern
**Vollkorngebäck**
(0816-3) Von M. Bustorf-Hirsch, 48 S.,
39 Farbfotos, Pappband. ●

Knusprig, kernig, urgesund **Vollkornbrot**
(0938-0) Von S. Reiter, 64 S., 46 Farbfotos,
Pappband. ●

**Weihnachtsbäckerei**
Köstliche Plätzchen, Stollen, Honigkuchen
und Festtagstorten.
(0682-9) Von M. Sauerborn, 32 S., 34 Farbfotos, Pappband. ●

**Meine Weihnachtsbackstube**
(5163-8) Von M. Sauerborn, 32 S., 23 Farbfotos, mit Vorlagebogen in Originalgröße,
kart. ●

Süße Verführungen **Desserts**
(0885-6) Von M. Bacher, 64 S., 75 Farbfotos,
Pappband. ●

Süße Geheimnisse eiskalt gelüftet
**Eis und Sorbets**
(0870-8) Von H. W. Liebheit, 48 S., 38 Farbfotos, Pappband. ●

Raffiniertes mit
**Eis**
Drinks/Desserts/Eissorten
(1029-X) Von F. Hoffmann, 64 S., 74 Farbfotos, Pappband. ●

Zart schmelzende Versuchungen
**Schokolade**
(0819-8) Von J. Schroer, 48 S., 53 Farbfotos,
Pappband. ●

**Haltbarmachen in der Öko-Küche**
Gesunde Konservierungsmethoden für Obst,
Gemüse, Kräuter und Pilze. (0923-2) Von
M. Bustorf-Hirsch, 120 S., 92 Farbabb., kart.
●●

**Komm, koch und back mit mir**
Kunterbuntes Kochvergnügen für Kinder.
(4285-X) Von S. und H. Theilig, illustriert von
B. v. Hayek, 112 S., 45 Farbabb., Pappband.
●●

Lirum, larum, Löffelstiel …
**Kinder kochen mit Knuddel**
(1094-X) Von U. Bültjer, 80 S., 27 zweifarbige Zeichnungen, kart. ●

Mit Lust und Liebe **Kalte Platten & Buffets**
Anrichten und Garnieren
(4427-5) Von P. Grotz, 176 S., 228 Farbfotos,
Pappband. ●●●●

**Garnieren und Verzieren**
(4236-1) Von R. Biller, 160 S., 329 Farbfotos,
57 Zeichnungen, Pappband. ●●●

Köstlichkeiten für Gäste und Feste
**Kalte Platten**
(4200-0) Von I. Pfliegner, 160 S., 130 Farbfotos, Pappband. ●●●

Wenn Gäste kommen …
**Kalte Küche**
(1060-5) Von A. Ilies, 64 S., 49 Farbfotos,
Pappband. ●

Raffiniert und vielseitig
**Toasts und Sandwiches**
(1109-1) Von R. und T. Donhauser, 64 S.,
52 Farbfotos, Pappband. ●

Fein und raffiniert
**Canapés und kleine Köstlichkeiten**
(0963-1) Von H. Imhof, 64 S., 53 Farbfotos,
Pappband. ●

**Festlich kochen und backen**
für Advent und Weihnachten
(4443-7) Von A. Guter, 96 S., 66 Farbfotos,
1 s/w-Foto, Pappband. ●●

**Der perfekt gedeckte Tisch**
(1028-7) Von H. Tapper, 80 S., 161 Farbfotos,
13 Zeichnungen, kartoniert. ●●

**Der schön gedeckte Tisch**
Vom einfachen Gedeck bis zur Festtafel
stimmungsvoll und perfekt arrangiert.
(4246-1) Von H. Tapper, 112 S., 206 Farbfotos, 21 s/w-Abbildungen, Pappband. ●●●

**Servietten falten**
80 Ideen für schön gedeckte Tische
(1042-7) Von M. Müller, O. Mikolasek, 80 S.,
289 Farbfotos, 50 Zeichnungen, kartoniert.
●●

**Phantasievolle Tischdekorationen selber
machen**
(0984-4) Von Y. Thalheim, H. Nadolny, 80 S.,
174 Farbfotos, 21 Zeichnungen, kart. ●●

**Tischkarten dekorativ gestalten**
aus allerlei Material für viele Anlässe
(0946-2) Von H. York, 32 S., 108 Farbfotos,
Pappband. ●

**Servietten dekorativ falten**
Geschmackvolle Anregungen aus Stoff und Papier. (**0804**-X) Von H. Tapper, 32 S., 134 Farbfotos, Pappband. ●

**Tee für Genießer**
Sorten · Riten · Rezepte
(**0356**-0) Von M. Nicolin, 64 S., 4 Farbtafeln, kart. ●

**Weine und Säfte, Liköre und Sekt**
selbstgemacht.
(**0702**-0) Von P. Arauner, 232 S., 76 Abb., kart. ●●

Fruchtig, spritzig, eisgekühlt
**Mixen ohne Alkohol**
(**0935**-0) Von S. Späth, 64 S., 44 Farbfotos, Pappband. ●

Mit und ohne Alkohol
**Longdrinks**
(**1062**-1) Von S. Edelberg, 64 S., 47 Farbfotos, Pappband. ●

**Cocktails**
(**4267**-1) Von W. R. Hoffmann, W. Hubert, U. Lottring, 160 S., 164 Farbfotos, 1 s/w-Foto, Pappband. ●●●

**Cocktails und Mixereien**
für häusliche Feste und Feiern. (**0075**-8) Von J. Walker, 96 S., 4 Farbtafeln, kart. ●

**Die besten Punsche, Grogs und Bowlen**
(**0575**-X) Von F. Dingdon, 64 S., 4 Farbt., kart. ●

**SLIM**
Der neue, individuelle Schlankheitsplan.
(**4277**-9) Von Prof. Dr. E. Menden, W. Aign, 120 S., 440 Farbfotos, Pappband. ●●●

Schlank werden nach Dr. Hay **Trennkost**
Die bewährten Vollwert-Rezepte von Ursula Summ. (**4298**-1) Von U. Summ, 96 S., 54 Farbfotos, 1 Zeichnung, kart. ●●

Gesund leben nach Dr. Hay
**Cholesterinarme Trennkost**
Neue Vollwert-Rezepte von Ursula Summ
(**4475**-5) Von U. Summ, 96 S., 52 Farbfotos, kart. ●●

EBlust statt Diätfrust
**Die Pfundskur**
(**1102**-4) Von Prof. Dr. V. Pudel, 144 S., 8 s/w-Zeichnungen, 4 Vignetten, kartoniert. ●

**Schlank nach Maß**
mit der Diät-Computerwaage
(**1064**-8) Von K. Alisch, 104 S., 8 Farbtafeln, kart. ●

**Gesundes Essen für Berufstätige**
Die 4-Wochen-Vollwertkur
(**1065**-6) Von M. Weber, ca. 80 S., 8 Farbtafeln, kart. ●

## Hobby und Freizeit

Falken-Handbuch
**Zeichnen und Malen**
(**4167**-5) Von B. Bagnall, 336 S., 1154 Farbabb., Pappband. ●●●●●

**Punkt, Punkt, Komma, Strich**
Zeichenstunde für Kinder
(**0564**-4) Von H. Witzig, 144 S., über 250 Zeichnungen, kart. ●

**Einmal grad und einmal krumm**
Zeichenstunde für Kinder
(**0599**-7) Von H. Witzig, 144 S., 363 Abb., kartoniert. ●

**Figürliches Zeichnen**
leicht gemacht
(**1010**-9) Von H. Witzig, 112 S., 462 Figuren, kartoniert. ●

**Airbrush**
Kreatives Gestalten mit dem Luftpinsel
(**1133**-4) Von C. M. Mette, 80 S., 145 Farbfotos, 40 Farbzeichnungen, kartoniert. ●●

**Spielend zeichnen lernen mit den Montagsmalern**
(**0974**-7) Von G. Lages, Sigi Harreis, 112 S., 326 s/w-Zeichnungen, kartoniert. ●●

**Kalligraphie**
Die Kunst des schönen Schreibens
(**4263**-9) Von C. Hartmann, 120 S., 44 Farbvorlagen, 29 s/w-Vorlagen, 2 s/w-Zeichnungen, 38 Farbfotos, Pappband. ●●●●

Gestalten mit Schrift
**Kalligraphie**
(**1044**-3) Von I. Schade, 80 S., 2 Farb- und 1 s/w Foto, 143 Farbzeichnungen, kartoniert. ●●

**Aquarellmalerei leicht gelernt**
Materialien · Techniken · Motive.
(**0787**-6) Von T. Hinz, R. Braun, B. Zeidler, 32 S., 38 Farbfotos, 1 Zeichn., Pappband. ●

**Hobby Aquarellmalen**
Landschaft und Stilleben.
(**0876**-7) Von I. Schade, A. Brück, 80 S., 111 Farbabb., kart. ●●

**Hobby Ölmalerei**
Landschaft und Stilleben.
(**0875**-9) Von H. Kämper, I. Becker, 80 S., 93 Farbabb., kart. ●●

**Hobby Bauernmalerei**
(**0436**-2) Von S. Ramos und J. Roszak, 80 S., 116 Farbfotos und 28 Motivvorlagen, kart. ●●

**Seidenmalerei in Vollendung**
(**4414**-3) Hrsg. von R. Smend, 160 S., 227 Farbfotos, 36 s/w-Fotos, geprägter Leineneinband mit Schutzumschlag, im Schuber, **DM 98,–**, sFr 784,– , Sfr 94,10

**Seidenmalerei und Modedesign**
Modelle · Techniken · Schnittmuster
(**4476**-3) Von B. Hansen, 176 S., 140 Farbfotos, 93 Farb- u. 68 s/w-Zeichnungen, Pappband. ●●●●

**Seidenmalerei als Kunst und Hobby**
(**4264**-7) Von S. Hahn, 136 S., Farbabb., 1 s/w-Foto, Pappband. ●●●●

**Neue zauberhafte Seidenmalerei**
Motive und Anregungen aus der Natur.
(**0924**-0) Von R. Henge, 80 S., 148 Farbfotos, 27 s/w-Zeichnungen, kart. ●●

**Kunstvolle Seidenmalerei**
Mit zauberhaften Ideen zum Nachgestalten
(**0783**-3) Von I. Demharter, 32 S., 56 Farbfotos, Pappband. ●

**Aquarellieren auf Seide**
Materialien · Techniken · Motive
(**0917**-X) Von I. Demharter, 32 S., 41 Farbfotos, Pappband. ●

**Seidenmalerei Landschaften**
(**5153**-0) Von D. Kosik, 32 S., 50 Farbfotos, 12 Zeichnungen, mit Vorlagebogen in Originalgröße, kart. ●

**Seidenmalerei Kissen**
(**5151**-4) Von I. Demharter, 32 S., 42 Farbfotos, 2 Zeichnungen, mit Vorlagebogen in Originalgröße, kart. ●

**Seidenmalerei Blusen und T-Shirts**
(**5184**-0) Von A. Keller, 32 S., 28 Farbfotos, 12 Zeichnungen, mit Vorlagebogen in Originalgröße, kartoniert. ●

**Seidenmalerei Tücher und Schals**
(**5152**-2) Von R. Henge, 32 S., 36 Farbfotos, 1 Zeichnung, mit Vorlagebogen in Originalgröße, kart. ●

**Seidenmalerei Taschen und Gürtel**
(**5194**-8) Von S. Tichy-Gibley, 32 S., 30 Farbfotos, 8 Farbzeichnungen, mit Vorlagebogen in Originalgröße, kart. ●

**Seidenmalerei Tiermotive**
(**5204**-9) Von A. Keller, 32 S., 37 Farbfotos, mit Vorlagebogen in Originalgröße, kart. ●

Serti Designo
**Seidenmalerei mit Kreidestiften**
(**5208**-1) Von S. Tichy-Gibley, 32 S., 46 Farbfotos, mit Vorlagebogen in Originalgröße, kart. ●

**Seidenmalerei Lampenschirme**
(**5154**-9) Von I. Walter-Ammon, 32 S., 47 Farbfotos, 1 Zeichnung, mit Vorlagebogen in Originalgröße, kart. ●

**Seidenmalerei Blüten, Blätter, Ranken**
(**5165**-4) Von D. Kosik, 32 S., 35 Farbfotos, 4 Zeichnungen, mit Vorlagebogen in Originalgröße, kart. ●

**Seidenmalerei Schmuckkarten und Miniaturbilder**
(**5166**-2) Von I. Walter-Ammon, 32 S., 37 Farbfotos, 2 Zeichnungen, mit Vorlagebogen in Originalgröße, kart. ●

**Seidenmalerei Bilder in Konturentechnik**
(**5182**-4) Von I. Demharter, 32 S., 28 Farbfotos, 2 Zeichnungen, mit Vorlagebogen in Originalgröße, kartoniert. ●

**Seidenmalerei Applikationen**
(**5224**-3) Von J. Bressau, 32 S., 50 Farbfotos, mit Vorlagebogen in Originalgröße, kartoniert. ●

Falken-Handbuch
**Häkeln**
ABC der Häkeltechniken und Häkelmuster in ausführlichen Schritt-für-Schritt-Bildfolgen
(**4194**-2) Von H. Fuchs, M. Natter, 288 S., 597 Farbfotos, 476 Farbzeichnungen, Pappband. ●●●●

Das moderne Standardwerk von der Expertin
**Perfekt Stricken**
Mit Sonderteil Häkeln.
(**4250**-7) Von H. Jaacks, 256 S., 703 Farbfotos, 169 Farb- und 121 s/w-Zeichnungen, Pappband. ●●●

**Hobby Patchwork und Quilten**
(**0768**-X) Von B. Staub-Wachsmuth, 80 S., 108 Farbabb., 43 Zeichnungen, kart. ●●

**Hobby Spitzencollagen**
Bezaubernde Motive aus edlem Material
(**0847**-3) Von H. Westphal, 80 S., 186 Farbfotos, kart. ●●

**Marionetten**
selbst bauen und führen
(**1043**-5) Von D. Köhnen, 80 S., 150 Farbfotos, mit Schnittmusterbogen, kartoniert. ●●

**Charakterpuppen**
aus Cernit und Porzellan selbst gestalten
(**1156**-3) Von S. Becker, 64 S., 143 Farbfotos, 30 Zeichnungen, 13 Vignetten, mit Schnittmusterbogen, kartoniert. ●●

**Puppen zum Liebhaben**
(**5199**-9) Von B. Wehrle, 32 S., 27 Farbfotos, 9 s/w-Zeichnungen, mit Vorlagebogen in Originalgröße, kartoniert. ●

**Teddybären**
Sechs beliebte Modelle
(**5159**-X) Von Y. Thalheim, H. Nadolny, 32 S., 46 Farbfotos, 9 Zeichnungen, mit Vorlagebogen in Originalgröße, kart. ●

**Heißgeliebte Teddybären**
Selbermachen · Sammeln · Restaurieren.
(**0900**-3) Von H. Nadolny, Y. Thalheim, 80 S., 119 Farbfotos, 23 s/w-Zeichnungen, 14 S. Schnittmusterbogen, kart. ●●

**Neue zauberhafte Salzteig-Ideen**
(**0719**-1) Von I. Kiskalt, 80 S., 324 Farbfotos, 12 Zeichnungen, Schablonen, kart. ●●

**Salzteig kinderleicht**
(**0973**-9) Von I. Kiskalt, 80 S., 224 Farbfotos, 8 Zeichnungen, kart. ●

Kreatives Gestalten mit Ton
**Töpfern ohne Scheibe – Aufbaukeramik**
(**0896**-7) Von A. Riedinger, 80 S., 207 Farbfotos, 16 Zeichnungen, 7 Vignetten, kart. ●●

**3**

**Kreatives Gestalten mit Ton**
**Töpfern auf der Scheibe**
(0971-2) Von A. Riedinger, 80 S., 28 Farb- und 3 s/w-Zeichnungen, 178 Farbfotos, kartoniert. ●●

**Edles Porzellan**
(4437-2) Von M. Lutze, Prof. E. Lessing, 160 S., 175 Farbfotos, Leineneinband, mit Schutzumschlag, im Schuber ●●●●●

**Hobby Glaskunst in Tiffany-Technik**
(0781-7) Von N. Köppel, 80 S., 194 Farbfotos, 6 s/w-Abb., kart. ●●

**Tiffany-Lampen selbermachen**
Arbeitsanleitung · Materialien · Modelle
(0684-5) Von I. Spliethoff, 32 S., 60 Farbfotos, 19 Zeichnungen, Pappband. ●

**Fensterbilder in Tiffany-Technik**
(5168-9) Von P. Matz, 32 S., 43 Farbfotos, mit Vorlagebogen in Originalgröße, kart. ●

**Tiffany-Technik**
und andere kunstvolle Arbeiten in Glas
(0972-0) Von D. Köhnen, 80 S., 176 Farbfotos, 5 s/w-Zeichnungen, kart. ●

**Tiffany-Gürtelschnallen**
(5160-3) Von G. G. Scheib, R. Grella, 32 S., 52 Farbfotos, 1 Zeichnung, mit Vorlagebogen in Originalgröße, kart. ●

**Modeschmuck mit Federn und Straß**
(5167-0) Von J. Niemeier, 32 S., 41 Farbfotos, mit Vorlagebogen in Originalgröße, kart. ●

**Modeschmuck selbst modellieren**
(5196-4) Von K. Eichler, 32 S., 51 Farbfotos, mit Vorlagebogen in Originalgröße, kartoniert. ●

**Modeschmuck in vielen Variationen**
(5180-X) Von A. Hahn, 32 S., 39 Farbfotos, 3 Zeichnungen, mit Vorlagebogen in Originalgröße, kartoniert. ●

**Effekt-Color**
Phantasievolle Schmuck- und Deko-Ideen
(5207-3) Von A. Hahn, 32 S., 55 Farbfotos, mit Vorlagebogen in Originalgröße, kart. ●

Rocailles
**Perlenschmuck**
(5209-X) Von I. und E. Weiler, 32 S., 45 Farbfotos, 2 Zeichnungen, mit Vorlagebogen in Originalgröße, kart. ●

**Perlenschmuck**
(5221-9) Von H. Büderer, 32 S., 50 Farbfotos, mit Vorlagebogen in Originalgröße, kartoniert. ●

**Exklusiver Modeschmuck**
aus dem eigenen Atelier
(0925-9) Von J. Niemeier, J. Klein, 80 S., 141 Farbfotos, 25 Zeichnungen, kart. ●●

**Masken**
phantasievoll dekorieren
(5155-7) Von Chr. Familler, 32 S., 48 Farbfotos, mit Vorlagebogen in Originalgröße, kart. ●

**Schwingtiere aus Holz gestalten**
(5222-7) Von der Arbeitsgem. Werken, 32 S., 50 Farbfotos, mit Vorlagebogen in Originalgröße, kart. ●

**Hobby Drachen**
bauen und steigen lassen. (0767-1) Von W. Schimmelpfennig, 80 S., 1 dreiseitige Ausklapptafel, 55 Farbfotos, 139 Zeichnungen, kart. ●●

**Lenkdrachen**
bauen und fliegen
(1011-7) Von W. Schimmelpfennig, 64 S., 51 Farbfotos und 126 Zeichnungen, kartoniert. ●●

**Drachen**
Einfache Modelle für Kinder
(5156-5) Von W. Schimmelpfennig, 32 S., 11 Farbfotos, 31 Zeichnungen, mit Vorlagebogen, kart. ●

Das große farbige
**Bastelbuch für Kinder**
(4254-X) Von U. Barff, I. Burkhardt, J. Maier, 224 S., 157 Farbfotos, 430 Farb- und 60 s/w-Zeichnungen, mit Schnittmusterbogen, Pappband. ●●●

**Hobby Origami**
Papierfalten für groß und klein
(0756-6) Von Z. Aytüre-Scheele, 80 S., 820 Farbfotos, kart. ●

**Neue zauberhafte Origami-Ideen**
Papierfalten für groß und klein
(0805-8) Von Z. Aytüre-Scheele, 80 S., 720 Farbfotos, kart. ●●

**Zauberwelt Origami**
Tierfiguren aus Papier
(1045-1) Von Z. Aytüre-Scheele, 80 S., 660 Farbfotos, kartoniert. ●●

**Pergamano**
Pergamentpapier filigran gestalten
(5202-2) Von J. Allmann, 32 S., 51 Farbfotos, 5 Zeichnungen, mit Vorlagebogen in Originalgröße, kart. ●

**Heut basteln wir mit Pappe und Papier**
(4413-5) Von U. Barff, J. Maier, 224 S., 117 Farbfotos, 480 Farbzeichn., 25 s/w-Abb., mit Schnittmusterbogen, Pappband. ●●●

Das große farbige Bastel- und Werkbuch
**Die Welt der Dinosaurier**
Tiere und Landschaften zum Selbermachen
Ausbrechen, aufstellen, spielen
(4478-X) Von B. Burkart, 8 Blatt mit herauslösbaren Motiven, 280-g-Karton mit Stanzung, 8 S. Bastelanleitung und Sachinformation. ●●

Mein liebstes Spiel- und Bastelbuch
**Leben auf dem Bauernhof**
Tiere und Motive zum Selbermachen
Ausbrechen, aufstellen, spielen
(4479-8) Von K. Lausche, 8 Blatt mit herauslösbaren Motiven, 280-g-Karton mit Stanzung, 8 S. Bastelanleitung und Sachinformation. ●●

**Schritt für Schritt zum Scherenschnitt**
Materialien · Techniken · Gestaltungsvorschläge. (0732-9) Von H. Klingmüller, 32 S., 38 Farbfotos, 34 Vorlagen, Pappband. ●

**Fensterbilder in Scherenschnitt**
(5169-7) Von A. Hahn, 32 S., 52 Farbfotos, 3 s/w-Fotos, mit Vorlagebogen in Originalgröße, kart. ●

**Fensterbilder**
**Meine Lieblingstiere**
(5197-2) Von Y. Thalheim, H. Nadolny, 32 S., 38 Farbfotos, mit Vorlagebogen in Originalgröße, kartoniert. ●

**Fensterbilder Lustige Tiere**
(5210-3) Von F. Michalski, 32 S., 47 Farbfotos, mit Vorlagebogen in Originalgröße, kart. ●

**Die schönsten Fensterbilder**
(1066-4) Von C. Kimmerle, 64 S., 100 Farbfotos, 7 Zeichnungen, kartoniert. ●●

**Perfekte Fensterbilder**
(4470-4) Von S. Haenitsch-Weiß, A. Weiß, 8 vierfarbige Bogen 280-g-Karton mit Stanzung + 16 S. zweifarbige Ein/Anleitung. ●●

**Märchenhafte Fensterbilder**
(5185-9) Von J. Maier, 32 S., 37 Farbfotos, mit Vorlagebogen in Originalgröße, kart. ●

**Fensterbilder Blumen und Tiere**
(5186-7) Von M. Twachtmann, 32 S., 41 Farbfotos, 3 Zeichnungen, mit Vorlagebogen in Originalgröße, kartoniert. ●

**Papierflieger**
(5157-3) Von T. Gött, 32 S., 73 Farbfotos, 19 Zeichnungen, mit Vorlagebogen in Originalgröße, kart. ●

**Laternen und Lampions**
(5206-5) Von C. Hüfner, 32 S., 60 Farbfotos, mit Vorlagebogen in Originalgröße, kart. ●

**Mobiles aus Papier**
(5183-2) Von J. Maier, 32 S., 17 Farbfotos, 35 Farbzeichnungen, mit Vorlagebogen in Originalgröße, kartoniert. ●

**Schachteln basteln und dekorieren**
(5170-0) Von Chr. Adjano, 32 S., 55 Farbfotos, mit Vorlagebogen in Originalgröße, kart. ●

**Die große Schachtelparade**
(4438-9) Von Present Team, 16 vierfarbige Bogen 250-g-Karton mit Schachtelstanzung mit 4 S. Einleitung. ●●●

Deco Art
**Die Kunst, Geschenke zu verpacken**
(0949-6) Von B. Niermann, 80 S., 78 Farbfotos, 191 Zeichnungen, kart. ●●

**Geschenke wunderschön verpacken**
(1113-X) Von P. Jansen, 80 S., 79 Farbfotos, 166 Farbzeichnungen, kart. ●●

**Geldgeschenke · Gutscheine · Geschenkanhänger**
originell gestalten und verpacken
(1115-6) Von S. Haenitsch-Weiß, A. Weiß, 80 S., 176 Farbfotos, kart. ●●

**Geschenke verpacken für Kinderfeste**
(5195-6) Von C. Netolitzky, 32 S., 43 Farbfotos, mit Vorlagebogen in Originalgröße, kartoniert. ●

**Bunte Dekorationen für den Kindergeburtstag**
Mit Spielanleitung zum Fest der Tiere
(4471-2) Von S. Haenitsch-Weiß, A. Weiß, 8 vierfarbige Bogen 280-g-Karton mit Stanzung + 16 S. zweifarbige Ein/Anleitung. ●●

Originelles Ambiente für Gäste
**Festdekorationen**
(1049-4) Von B. Niermann, 80 S., 125 Farbfotos, 59 Farbzeichn., kartoniert. ●●

**Dekorative Schleifen**
aus Bändern und Papier
(5205-7) Von M. Schorege, 32 S., 28 Farbfotos, 31 Farbzeichnungen, mit Vorlagebogen in Originalgröße, kart. ●

Dekorieren und Arrangieren mit
**Seidenblumen**
(5200-6) Von M. L. Spang, 32 S., 37 Farbfotos, 14 Farbzeichnungen, mit Vorlagebogen in Originalgröße, kartoniert. ●

**Glückwunschkarten**
(5179-4) Von A. Kolb, B. Michel, 32 S., 54 Farbfotos, mit Vorlagebogen in Originalgröße, kartoniert. ●

**Schmuck- und Glückwunschkarten**
Papierarchitektur · Collagen · Faltschnittkarten
(1114-8) Von C. Sanladerer, 64 S., 55 Farbfotos, 31 Zeichnungen. ●●

Altes Brauchtum neu entdeckt
**Schmuck-Eier**
Kunstvoll gestalten und verzieren
(0919-4) Von I. Kiskalt, 32 S., 45 Farbfotos, 3 s/w-Zeichnungen, Pappband. ●

**Ostereier originell dekorieren**
(5219-7) Von W. Velte, 32 S., 44 Farbfotos, mit Vorlagebogen in Originalgröße, kartoniert. ●

**Dekorationen für Ostern**
(5198-0) Von Y. Thalheim, H. Nadolny, 32 S., 48 Farbfotos, mit Vorlagebogen in Originalgröße, kartoniert. ●

**Basteln für Ostern**
(5164-6) Von Chr. Adjano, 32 S., 47 Farbfotos, mit Vorlagebogen in Originalgröße, kartoniert. ●

**Tischdekorationen für Ostern**
(5220-0) Von Chr. Adjano, 32 S., 49 Farbfotos, mit Vorlagebogen in Originalgröße, kartoniert. ●

4

**Weihnachtsgeschenke schön verpacken**
Schachteln · Dekorationen · Geschenkpapiere
(**4469**-0) Von Present Team, 10 vierfarbige
Bogen 250-g-Karton mit Stanzung, 4 Bogen
Geschenkpapier + 4 S. Einleitung. ●●●

Basteln und dekorieren für
**Advent und Weihnachten**
(**4446**-1) Von G. Teusen, C. Netolitzky, 176 S.,
285 Farbfotos, mit Bastelvorlagebogen,
Pappband. ●●●

**Basteln für Weihnachten**
(**5162**-X) Von Chr. Adjano, 32 S., 44 Farbfotos, mit Vorlagebogen in Originalgröße,
kartoniert. ●

**Fensterdekorationen für die
Weihnachtszeit**
(**5181**-6) Von Y. Thalheim, H. Nadolny, 32 S.,
33 Farbfotos, mit Vorlagebogen in Originalgröße, kartoniert. ●

**Fensterbilder für Advent und
Weihnachten**
(**5211**-1) Von M. Schorege, 32 S., 24 Farbfotos, 15 Zeichnungen, mit Vorlagebogen in
Originalgröße, kartoniert. ●

**Adventskränze und weihnachtliche
Gestecke**
(**5203**-0) Von Y. Thalheim, H. Nadolny, 32 S.,
43 Farbfotos, mit Vorlagebogen in Originalgröße, kartoniert. ●

**Adventskalender**
(**5178**-6) Von Y. Thalheim, H. Nadolny, 32 S.,
35 Farbfotos, mit Vorlagebogen in Originalgröße, kartoniert. ●

**Weihnachtsbasteleien**
Advents- und Weihnachtsschmuck für groß
und klein
(**0667**-5) Von M. Kühnle und S. Beck, 32 S.,
56 Farbfotos, 6 Zeichnungen, Pappband. ●

**Trockenblumenideen**
Gewürzsträuße, Gestecke, Kränze, Buketts
(**0643**-8) Von R. Strobel-Schulze, 88 S.,
170 Farbfotos, kartoniert. ●●

**Neue zauberhafte Trockenblumen-Ideen**
(**0821**-X) Von R. Strobel-Schulze, 80 S.,
163 Farbfotos, kart. ●●

**Phantasievolles Schminken**
Verzauberte Gesichter für Maskeraden,
Laienspiele und Kinderfeste
(**0907**-0) Hrsg.: H. u. Y. Nadolny, 64 S., 227
Farbfotos, kartoniert. ●●

**Schminken für Kinder**
(**5177**-8) Von Y. Thalheim, H. Nadolny, 32 S.,
68 Farbfotos, mit Vorlagebogen in Originalgröße, kartoniert. ●

**Moderne Fotopraxis**
(**4401**-1) Von G. Koshofer, Prof. H. Wedewardt, 224 S., 363 Farbfotos, 106 s/w-Fotos,
5 Farb- und 24 s/w-Zeichnungen, Pappband.
●●●

**Mach dir ein Bild**
Praxistips für Foto, Film und Video
(**4410**-0) Von G. Staab, 208 S., 202 Farbfotos, 175 s/w-Fotos, 1 Zeichnung, Pappband.
●●●

**So macht man bessere Fotos**
(**1158**-X) Von G. Koshofer, 144 S., 259 Farbfotos, 25 s/w-Fotos, kartoniert. ●●

**Aktfotografie**
Interpretationen zu einem unerschöpflichen
Thema. Gestaltung · Technik · Spezialeffekte.
(**0737**-X) Von H. Wedewardt, 88 S., 144
Farb- und 6 s/w-Fotos, 6 Zeichnungen, kart.
●●

**Videografieren**
Filmen mit Video 8. Technik – Bildgestaltung
– Schnitt – Vertonung.
(**0843**-0) Von M. Wild, K. Möller, 120 S., 101
Farbfotos, 22 s/w-Fotos, 52 Zeichnungen,
kart. ●●●

**Videografieren perfekt**
Profitricks für Aufnahmetechnik und
Nachbearbeitung
(**0969**-0) Von W. Schild, 120 S., 144 Farbabb., 5 s/w-Zeichnungen, kart. ●●●

# Do it yourself und Technik

Do it yourself
**Kleinmöbel aus Holz**
(**0905**-4) Von O. Maier, 128 S., 210 Farbfotos, 80 Zeichnungen, kart. ●●

Do it yourself
**Sanitärinstallationen**
(**1118**-0) Von W. Kawlath, 96 S., 214 Farbabbildungen, kartoniert. ●●

Do it yourself
**Metall bearbeiten**
(**1119**-9) Von O. Maier, 96 S., 230 Farbfotos,
6 s/w-Zeichnungen, kartoniert. ●●

Do it yourself
**Elektroarbeiten**
(**0975**-5) Von K. H. Schubert, 120 S., 193
Farbfotos, 40 Zeichnungen, kartoniert. ●●

Do it yourself
**Fahrrad-Reparaturen**
(**0796**-5) Von R. van der Plas, 112 S., 140
Farbfotos, 113 farbige Zeichnungen, kartoniert. ●●

**Möbel**
aufarbeiten, reparieren, pflegen
(**0386**-2) Von E. Schnaus-Lorey, 96 S.,
28 Fotos, 101 Zeichnungen, kartoniert. ●

**Restaurieren von Möbeln**
Stilkunde, Materialien, Techniken, Arbeits-
anleitungen in Bildfolgen.
(**4120**-9) Von E. Schnaus-Lorey, 152 S., 37
Farbfotos, 75 s/w-Fotos, 352 Zeichnungen,
Pappband. ●●●●

FALKEN-Heimwerker-Praxis
**Mofa- und Moped-Reparaturen**
(**1008**-7) Von T. Kohlmey, 128 S., 280 Farb-
abbildg. und Zeichnungen, kartoniert. ●●

**Elektronik als Hobby**
Von der Grundlagenschaltung zum integrier-
ten Schaltkreis
Mit 8 wichtigen Universalplatinen
(**4293**-0) Von W. Priesterath, 264 S., 80 s/w-
Fotos, 128 Zeichnungen, Pappband. ●●●

**Anlagenbau in Modultechnik**
für Modelleisenbahnen und Dioramen.
(**0845**-7) Von J. Thal, 104 S., 68 Farbfotos,
28 Zeichnungen, kartoniert. ●●

**Kleine Welt auf Rädern**
Das faszinierende Spiel mit **Modelleisen-
bahnen** (**4175**-6) Von F. Eisen, 256 S., 72
Farb- und 180 s/w-Fotos, 25 Zeichnungen,
Pappband. ●●

**Die Super-Sportwagen der Welt**
(**4423**-2) Von H. G. Isenberg, 194 S.,
184 Farbfotos, 4 farbige Ausklapptafeln,
32 s/w-Fotos, Pappband. ●●●●

**Die Super-Oldtimer der Welt**
(**4465**-8) Von H. G. Isenberg, 194 S.,
161 Farb- und 36 s/w-Fotos, 4 Ausklapptafeln, Pappband. ●●●●

**Die Super-Trucks der Welt**
(**4257**-4) Von H. G. Isenberg, 194 S.,
205 Farbfotos, 87 s/w-Fotos, 7 Farbzeichnungen, 4 farb. Ausklapptafeln, Pappband.
●●●●

**Die Super-Motorräder der Welt**
(**4193**-4) Von H. G. Isenberg, 192 S., 170
Farb- und 100 s/w-Fotos, 8 Zeichnungen,
Pappband. ●●●●

**Die Super-Eisenbahnen der Welt**
(**4287**-6) Von W. Kosak, H. G. Isenberg, 224
S., 269 Farbfotos, 79 s/w-Fotos, 8 Vignetten,
5 farb. Ausklapptafeln, Pappband. ●●●●

**Die Super-Dampfloks der Welt**
(**4480**-1) Von H. Faust, H. G. Isenberg, 194 S.,
193 Farbfotos, mit vier Ausklapptafeln,
Pappband. ●●●●

**Plastikmodellbau**
Autos, Schiffe, Flugzeuge in vollendeter
Technik.
(**1116**-4) Von W. Kawlath, 96 S., 272 Farbabbildungen, kartoniert. ●●

# Sport und Fitneß

**Neue Lehrmethoden der Judo-Praxis**
(**0424**-9) Von P. Herrmann, 223 S., 475 Abb.,
kartoniert. ●●

**Fit mit Judo**
(**2319**-7) Von K. Fuchs, 112 S., 193 Farbfotos,
kartoniert. ●●

**Fußwürfe**
für Judo, Karate und Selbstverteidigung.
(**0439**-7) Von H. Nishioka, übers. von H. J.
Heese, 96 S., 260 Abb., kart. ●●

**Modernes Karate**
Das große Standardwerk mit 2279 Abbildungen.
(**4280**-9) Von T. Okazaki, Dr. med. M.V.
Stricevic, übers. von M. Pabst, 376 S., 2279
s/w-Abb., Pappband. ●●●●●

**Nakayamas Karate perfekt 1**
Einführung.
(**0487**-7) Von M. Nakayama, 136 S., 605
s/w-Fotos, kart. ●●

**Nakayamas Karate perfekt 2**
Grundtechniken.
(**0512**-1) Von M. Nakayama, 136 S., 354
s/w-Fotos, 53 Zeichnungen, kart. ●●

**Nakayamas Karate perfekt 3**
Kumite 1: Kampfübungen.
(**0538**-5) Von M. Nakayama, 128 S., 424
s/w-Fotos, kart. ●●

**Nakayamas Karate perfekt 4**
Kumite 2: Kampfübungen.
(**0547**-4) Von M. Nakayama, 128 S., 394
s/w-Fotos, kart. ●●

**Nakayamas Karate perfekt 5**
Kata 1: Heian, Tekki.
(**0571**-7) Von M. Nakayama, 144 S., 1229
s/w-Fotos, kart. ●●

**Nakayamas Karate perfekt 6**
Kata 2: Bassai-Dai, Kanku-Dai.
(**0600**-4) Von M. Nakayama, 144 S., 1300
s/w-Fotos, 107 Zeichnungen, kart. ●●

**Nakayamas Karate perfekt 7**
Kata 3: Jitte, Hangetsu, Empi.
(**0618**-7) Von M. Nakayama, 144 S., 1988
s/w-Fotos, 105 Zeichnungen, kart. ●●

**Nakayamas Karate perfekt 8**
Gankaku, Jion. (**0650**-0) Von M. Nakayama,
144 S., 1174 s/w-Fotos, 99 Zeichnungen,
kart. ●●

**Fit mit Karate**
(**2308**-1) Von A. Pflüger, 96 S., 134 Farbfotos, 4 s/w-Zeichnungen, kart. ●●

**25 Shotokan-Katas**
Auf einen Blick: Karate-Katas für Prüfungen
und Wettkämpfe.
(**0859**-7) Von A. Pflüger, 88 S., 185 s/w-Abb.,
24 ganzseitige Tafeln mit über 1.600 Einzel-
schritten, kart. ●●

**Bo-Karate**
Habo-Jitsu – die Techniken des Stock-
kampfes.
(**0447**-8) Von G. Stiebler, 176 S., 424 s/w-
Fotos, 38 Zeichnungen, kart. ●●

**Karate 1**
Einführung · Grundtechniken.
(0227-0) Von A. Pflüger, 144 S., 195 s/w-Fotos, 120 Zeichnungen, kart. ●

**Karate 2**
Kombinationstechniken · Katas.
(0239-4) Von A. Pflüger, 176 S., 452 s/w-Fotos und Zeichnungen, kart. ●

**Karate Kata 1**
Heian 1–5, Tekki 1, Bassai Dai.
(0683-7) Von W.-D. Wichmann, 164 S., 703 s/w-Fotos, kart. ●●

**Karate Kata 2**
Jion, Empi, Kanku-Dai, Hangetsu.
(0723-X) Von W.-D. Wichmann, 140 S., 661 s/w-Fotos, 4 Zeichnungen, kart. ●●

**Karate Kata 3**
Bassai Sho, Kanku Sho, Nijushiho, Sochin
(1120-2) Von W.-D. Wichmann, 144 S., 598 s/w-Fotos, 4 Grafiken, kart. ●●

Der König des Kung Fu
**Bruce Lee**
Sein Leben und Kampf
Von seiner Frau Linda
(0392-7) Von Linda Lee, 136 S., 104 s/w-Fotos, kartoniert. ●●

**Bruce Lees Kampfstil 1**
Grundtechniken.
(0473-7) Von B. Lee, M. Uyehara, 109 S., 220 Abb., kart. ●

**Bruce Lees Kampfstil 2**
Selbstverteidigungs-Techniken.
(0486-9) Von B. Lee, M. Uyehara, 128 S., 310 Abb., kart. ●

**Bruce Lees Kampfstil 3**
Trainingslehre.
(0503-2) Von B. Lee, M. Uyehara, 112 S., 246 Abb., kart. ●

**Bruce Lees Kampfstil 4**
Kampftechniken.
(0523-7) Von B. Lee, M. Uyehara, 104 S., 211 Abb., kart. ●

**Kung-Fu 1**
Legende · Philosophie · Grundtechniken
(0891-0) Von Chr. Yim, 152 S., 401 s/w-Fotos, 2 s/w-Zeichnungen, kart. ●●

**Kung-Fu und Tai-Chi**
Grundlagen und Bewegungsabläufe
(0367-6) Von B. Tegner, 182 S., 370 s/w-Fotos, kart. ●●

**Kung Fu**
Theorie und Praxis klassischer und moderner Stile
(0376-5) Von M. Pabst, 160 S., 330 Abbildungen, kartoniert. ●●

**Bruce Lees Jeet Kune Do**
(0440-0) Von B. Lee, 192 S., mit 105 eigenhändigen Zeichnungen von B. Lee, kart. ●●

**Shaolin-Kempo – Kung-Fu**
Chinesisches Karate im Drachenstil.
(0395-1) Von R. Czerni, K. Konrad, 246 S., 723 Abb., kart. ●

**Kickboxen**
Fitneßtraining und Wettkampfsport.
(0795-7) Von G. Lemmens, 96 S., 208 s/w-Fotos, 23 Zeichnungen, kart. ●●

**Ninja 1**
Die Lehre der Schattenkämpfer.
(0758-2) Von S. K. Hayes, übers. von J. Schmit, 144 S., 137 s/w-Fotos, kart. ●●

**Ninja 2**
Die Wege zum Shoshin.
(0763-9) Von S. K. Hayes, übers. von J. Schmit, 160 S., 309 s/w-Fotos, 2 Zeichnungen, kart. ●●

**Ninja 3**
Der Pfad des Togakure-Kämpfers.
(0764-7) Von S. K. Hayes, übers. von J. Schmit, 144 S., 197 s/w-Fotos, 2 Zeichnungen, kart. ●●

**Ninja 4**
Das Vermächtnis der Schattenkämpfer.
(0807-4) Von S. K. Hayes, übers. von J. Schmit, 196 S., 466 s/w-Fotos, kart. ●●

**Taekwondo perfekt 1**
Die Formenschule bis zum Blaugurt.
(0890-2) Von K. Gil, Kim Chul-Hwan, 176 S., 439 s/w-Fotos, 107 Zeichnungen, kart. ●●

**Taekwondo perfekt 2**
Die Formenschule vom Blau- bis zum Schwarzgurt
(0976-3) Von K. Gil, K. Chul-Hwan, 192 S., 461 s/w-Fotos, 112 Zeichnungen, kart. ●●

**Taekwondo perfekt 3**
(1068-0) Von K. Gil, K. Chul-Hwan, 200 S., 429 s/w-Fotos, kartoniert. ●●

**Taekwondo**
Koreanischer Kampfsport
(0347-1) Von K. Gil, 152 S., 408 Abbildungen, kartoniert. ●●

**Ju-Jutsu als Wettkampf**
(0826-0) Von G. Kulot, 168 S., 418 s/w-Fotos, 2 Zeichnungen, kart. ●●

**Ju-Jutsu 1**
Grundtechniken · Moderne Selbstverteidigung.
(0276-9) Von W. Heim, F.J. Gresch, 164 S., 450 s/w-Fotos, 8 Zeichn., kart. ●●

**Ju-Jutsu 2**
für Fortgeschrittene und Meister.
(0378-1) Von W. Heim, F.J. Gresch, 160 S., 798 s/w-Fotos, kart. ●●

**Ju-Jutsu 3**
Spezial-, Gegen- und Weiterführungs-Techniken · Stockkampfkunst.
(0485-0) Von W. Heim, F.J. Gresch, 200 S., über 600 s/w-Fotos, kart. ●●

**Aikido**
Lehren und Techniken des harmonischen Weges.
(0537-7) Von R. Brand, 280 S., 697 Abb., kart. ●●

**Hap Ki Do**
Koreanische Selbstverteidigung nach dem Lehrsystem des Großmeisters.
(0379-X) Von Kim Sou Bong, 112 S., 152 Abb., kart. ●●

**Dynamische Tritte**
Grundlagen für den Zweikampf. (0438-9) Von C. Lee, 96 S., 398 s/w-Fotos, 10 Zeichnungen, kart. ●●

**Selbstverteidigung**
Abwehrtechniken für Sie und Ihn.
(0853-8) Von E. Deser, 96 S., 259 s/w-Fotos, kart. ●

Die Faszination athletischer Körper
**Bodybuilding**
mit Weltmeister Ralf Möller.
(4281-7) Von R. Möller, 128 S., 169 Farbfotos, 14 s/w-Fotos, 1 Farbzeichnung, Pappband. ●●

**Ladyfitneß**
Das neue Körperbewußtsein der Frau
Bodyshaping · Körperpflege · Ernährung · Entspannung
(4433-X) Von Prof. Dr. S. Starischka, B. Grabis, D. von Cramm, G. W. Kienitz, 128 S., 227 Farbfotos, Pappband. ●●

**Bodybuilding für Frauen**
Wege zu Ihrer Idealfigur
(0661-6) Von H. Schulz, 112 S., 84 s/w-Fotos, 4 Zeichnungen, kart. ●

**Fit mit Bodybuilding**
(2314-6) Von L. Spitz, 112 S., 203 Farbabbildungen, 10 Tabellen. ●●

**Bodybuilding**
Anleitung zum Muskel- und Konditionstraining für sie und ihn
(0604-7) Von R. Smolana, 160 S., 171 s/w-Fotos, kartoniert. ●●

**Leistungsfähiger durch Krafttraining**
Eine Anleitung für Fitness-Sportler, Trainer und Athleten.
(0617-9) Von W. Kieser, 96 S., 20 s/w-Fotos. 62 Zeichnungen, kart. ●

**Hanteltraining zu Hause**
(0800-7) Von W. Kieser, 80 S., 71 s/w-Fotos. 4 Zeichnungen, kartoniert. ●

**Fit und gesund**
Fitneßtraining und Bodybuilding zu Hause. Trainingsprogramme für Ihr Wohlbefinden.
(0782-5) Von Prof. Dr. S. Starischka, 80 S., 100 Farbfotos, 2 Zeichnungen, kart. ●●

**Optimale Ernährung**
für Krafttraining und Bodybuilding.
(0912-7) Von B. Dahmen, 88 S., 8 Farbtafeln, 8 Zeichnungen, kart. ●

**Fit mit Bio-Training**
für Kraft, Ausdauer und Schnelligkeit.
(2310-3) Von L. Spitz, 112 S., 197 Farbfotos, 11 Farb- und 4 s/w-Zeichnungen, kart. ●●

Gesund und fit durch **Konditionstraining und Wirbelsäulengymnastik**
(0844-9) Von R. Milser und K. Grafe, 104 S., 99 Farbfotos, 12 Farbzeichnungen, 5 s/w-Zeichnungen, kart. ●●

**Fit mit Tai Chi**
als sanfte Körpererfahrung
(2305-7) Von B. u. K. Moegling, 112 S., 121 Farbfotos, 6 Farb- u. 4 s/w-Zeichnungen, kart. ●●

**Isometrisches Training**
Übungen für Muskelkraft und Entspannung.
(0529-6) Von L. M. Kirsch, 104 S., 150 s/w-Fotos, kart. ●●

**Stretching**
Mit Dehnungsgymnastik zu Entspannung, Geschmeidigkeit und Wohlbefinden.
(0717-5) Von H. Schulz, 80 S., 90 s/w-Fotos, kart. ●

**Fit mit Stretching**
(2304-9) Von B. Kurz, 96 S., 255 Farbfotos, kart. ●●

Gesund und fit durch **Gymnastik**
(0366-8) Von H. Pilss-Samek, 88 S., 130 Abb., kart. ●

**Fit und frisch**
Gymnastik für die ganze Familie
(6501-9) Von G. Sieber, 104 S., 306 Farbfotos, 5 Farbzeichnungen, kart., mit Audiokassette, Laufzeit 30 Min. ●●●

**Fit mit Laufen**
(2315-4) Von W. Sonntag, 96 S., 60 Farbfotos, 8 Farbzeichnungen, kart. ●●

**Spaß am Laufen**
Jogging für die Gesundheit
(0470-2) Von W. Sonntag, 140 S., 41 s/w-Fotos, 1 Zeichnung, kartoniert. ●

**ZDF Sportjahrbuch 90**
Rekorde · Siege · Schicksale · Ergebnisse
Die Höhepunkte der Fußball-WM
(4481-X) Hrsg. von Bernd Heller, 208 S., 245 Farbfotos und Tabellen, kart. ●●●

**Skateboard**
Material · Technik · Fahrpraxis
(1104-0) Von F. Böhm, M. Rieger, 96 S., 321 Farbabbildungen, kartoniert. ●●●

**Fit mit Sportschießen**
(2312-X) Von H. Gabelmann, 96 S., 44 Farbabbildungen, 3 s/w-Fotos, 19 s/w-Zeichnungen, kart. ●●

**Fechten**
Florett · Degen · Säbel.
(0449-4) Von E. Beck, 88 S., 185 Fotos, 10 Zeichnungen, kart. ●

**Fit mit Sportabzeichen**
(2307-3) Von G. Hennige, 104 S., 107 Farbfotos, kart. ●●

6

## Volleyball
Technik · Taktik · Regeln.
(0351-X) Von H. Huhle. 104 S., 330 Abb.,
kart. ●

## Fit mit Volleyball
(2302-2) Von Dr. A. Scherer, 104 S., 27 Farb-
und 1 s/w-Foto, 12 Farb- und 29 s/w-Zeich-
nungen, kart. ●●

## Fit mit Fußball
(2309-X) Von H. Obermann, P. Walz, 112 S.,
47 Farbfotos, 18 Farb- und 25 s/w-Zeich-
nungen, kart. ●●

## Sepp Maier
## Super-Torwart-Training
(4451-8) Von S. Maier, 168 S., 30 Farb- und
34 s/w-Fotos, 236 zweifarbige Zeichnungen,
Pappband. ●●●

## Fußball-Jahrbuch 90
Mit großem Sonderteil Fußball-WM
(4489-5) Hrsg. von H. Faßbender, 208 S.,
310 Farbfotos und Tabellen, kart. ●●●

## SportRegeln Fußball
Die offiziellen Regeln
Wissenswertes von A bis Z
(1096-6) 104 S., 36 s/w-Fotos, 27 Zeichnungen, kart. ●

## Handball
Technik · Taktik · Regeln.
(0426-5) Von F. und P. Hattig, 128 S., 91 s/w-
Fotos, 121 Zeichnungen, kart. ●●

## Handball
Grundlagen für Training und Spiel
(2321-9) Von H.-P. Oppermann, 120 S.,
39 Farbtafeln, 12 s/w-Fotos, 108 Farbzeichnungen, kartoniert. ●●

## SportRegeln Handball
Die offiziellen Regeln
Wissenswertes von A bis Z
(1099-6) 88 S., 32 s/w-Fotos, 14 Zeichnungen, kart. ●

## Tennis
Technik · Taktik · Regeln.
(0375-7) Von W. u. S. Taferner, 112 S.,
81 Abb., kart. ●

## SportRegeln Tennis
Die offiziellen Regeln
Wissenswertes von A bis Z
(1097-4) 88 S., 24 s/w-Fotos, 6 Zeichnungen, kart. ●

## Tischtennis-Technik
Der individuelle Weg zu erfolgreichem Spiel.
(0775-2) Von M. Perger, 144 S., 296 Abb.,
kart. ●●

## Badminton
Technik · Taktik · Training.
(0699-3) Von K. Fuchs, L. Sologub, 168 S.,
51 Abb., kart. ●

## Fit mit Squash
(2311-1) Von P. Langhammer, R. Michna,
96 S., 86 Farbfotos, 13 Farbzeichn., kart. ●●

## Squash
Ausrüstung · Technik · Regeln
(0539-3) Von D. von Horn, H.-D. Stünitz,
96 S., 55 s/w-Fotos, 25 Zeichnungen, kart. ●

## SportRegeln Squash
Die offiziellen Regeln
Wissenswertes von A bis Z
(1100-8) 64 S., 11 s/w-Fotos, 23 Zeichnungen, kart. ●

## Golf
Ausrüstung und Technik.
(0343-9) Von J. C. Jessop, übersetzt von
H. Biemer, mit einem Vorwort von H. Krings,
Präsident des Deutschen Golf-Verbandes,
96 S., 57 Abb., Anhang Golfregeln des DGV,
kart. ●●

## Eishockey
Lauf- und Stocktechnik, Körperspiel, Taktik,
Ausrüstung und Regeln. (0414-1) Von J.
Capla, 264 S., 548 s/w-Fotos, 163 Zeich-
nungen, kart. ●●

## Pool-Billard
(0484-2) Herausgegeben vom Deutschen
Pool-Billard-Bund. Von M. Bach, K.-W. Kühn,
104 S., 64 Abb., kart. ●

## Tanzstunde
Das Welttanzprogramm leicht gelernt
(4409-2) Von G. Hädrich, 164 S., 489 s/w-
Fotos, 63 Zeichnungen, Pappband. ●●●

## Tanzen
(2303-0) Von K. Richter, H. Kleinow, 96 S.,
102 Farbfotos, kart. ●●

## Wir lernen Tanzen
(0200-9) Von E. Fern, 152 S., 119 s/w-Fotos,
47 Zeichnungen, kartoniert. ●●

## Dancing
Moderne Discotänze: mit Mambo und Salsa
(0977-1) Von B. und F. Weber, 96 S.,
207 s/w-Fotos, kart. ●●

## Dirty Dancing
Step by Step leicht gelernt
(0992-5) Von D. Glück, G. Teusen, 80 S., 140
Farbfotos, kart. ●●

Anmutig und fit durch
## Bauchtanz
(0911-9) Von Marta, 120 S., 229 Farbfotos,
6 s/w-Zeichnungen, kart. ●●

## Sporttauchen
Theorie und Praxis des Gerätetauchens
(0647-0) Von S. Mißig, 144 S., 8 Farbtafeln,
35 s/w-Fotos, 89 Zeichnungen, kart. ●●

## Fit mit Sporttauchen
(2320-0) Von Dr. F. Naglschmid, 112 S.,
71 Farbfotos, kart. ●●

## Angelfischerei von Aal bis Zander
Fische · Geräte · Technik.
(0324-2) Von H. Oppel, 72 S., 16 Farbtafeln,
49 s/w-Abb., kart., ●●

## Angeln
Kleine Fibel für den Sportfischer
(0198-3) Von E. Bondick, 80 S., 4 Farbtafeln,
116 Abb., kart. ●

## Fit mit
## Surfen
(2317-3) Von H. Mönster, K.-H. Eden, B. Bohr,
104 S., 110 Farbfotos, 23 s/w-Zeichnungen,
kartoniert. ●●

## TELESKI
Skigymnastik perfekt
(1037-0) Von M. Vorderwülbecke, G. Kern,
120 S., 220 Farbfotos, 16 farbige Grafiken,
19 Farbzeichnungen, kartoniert. ●●

## Fibel für Kegelfreunde
Sport- und Freizeitkegeln · Bowling
(0191-6) Von G. Bocsai, 72 S., 62 Abb., kart. ●

## Fit mit Kegeln
(2301-4) Von G. Gromann, 96 S., 51 Farbfotos, 50 Farb- und 4 s/w-Zeichnungen, kart.
●●

## 111 spannende Kegelspiele
(2031-7) Von H. Regulski, 80 S., 53 Zeichnungen, kart. ●

Beliebte und neue
## Kegelspiele
(0271-8) Von H. Regulski, 92 S., 62 Abbildungen, kartoniert. ●

## Schach

## Einführung in das Schachspiel
(0104-5) Von W. Wollenschläger und K. Colditz, 112 S., 116 Diagramme, kart. ●

## Schach, das königliche Spiel
Von den Grundzügen zum strategischen Spiel.
(1105-9) Von T. Schuster, 192 S., 302 Diagramme, kart ●●

## Spielend Schach lernen
(2002-3) Von T. Schuster, 96 S., kartoniert. ●

## Kinder- und Jugendschach
Offizielles Lehrbuch des Deutschen Schachbundes zur Erringung der Bauern-, Turm-
und Königsdiploms.
(0561-X) Von B. J. Withuis, H. Pfleger, 144 S.,
220 Zeichnungen und Diagramme, kart. ●●

## Zug um Zug
## Schach für jedermann 1
Offizielles Lehrbuch des Deutschen Schachbundes zur Erringung des Bauerndiploms.
(0648-9) Von H. Pfleger, E. Kurz, 80 S., 24
s/w-Fotos, 8 Zeichn., 60 Diagramme, kart. ●

## Zug um Zug
## Schach für jedermann 2
Offizielles Lehrbuch des Deutschen Schachbundes zur Erringung des Turmdiploms.
(0659-4) Von H. Pfleger, E. Kurz, 128 S.,
7 s/w-Fotos, 13 Zeichnungen, 78 Diagramme, kart. ●

## Zug um Zug
## Schach für jedermann 3
Offizielles Lehrbuch des Deutschen Schachbundes zur Erringung des Königdiploms.
(0728-0) Von H. Pfleger, G. Treppner, 128 S.,
4 s/w-Fotos, 84 Diagramme, 10 Zeichnungen, kart. ●

## Schach für Fortgeschrittene
Taktik und Probleme des Schachspiels
(0219-X) Von R. Teschner, 88 S., 85 Diagramme, kart. ●

## Neue Schacheröffnungen
(0478-0) Von T. Schuster, 104 S., 100 Diagramme, kart. ●

## Klassische Schacheröffnungen
(1086-9) Von T. Schuster, 144 S., zahlr. Diagramme, kart. ●●

## Najdorf für Turnierspieler
Theorie und Praxis eines komplexen Eröff-
nungssystems. (1121-0) Von Dr. J. Nunn,
304 S., 202 Diagramme, kart. ●●●

## Lehr-, Übungs- und Testbuch der
## Schachkombinationen
(0649-7) Von K. Colditz, 184 S., 227 Diagramme, kartoniert. ●●

## Erfolgreiche Schachlehre
Eröffnungs- und Mittelspielstrategie
(0991-7) Von D. Bronstein, 254 S., 201 Diagramme, Pappband. ●●

## Spaß am Kombinieren
(1057-5) Von A. Pötzsch, 192 S., 365 Diagramme, Pappband. ●●

## Erfolgreich angreifen
Der Königsflügel im Visier
(1058-3) Von J. Neistadt, 192 S., 183 Diagramme, Pappband. ●●

## Erfolgreich angreifen
Der Damenflügel und das Zentrum im Visier
(1123-7) Von J. Neistadt, 172 S., 163 Diagramme, Pappband. ●●

## Sizilianisch siegen
durch die Kunst der Verteidigung
(0990-2) Von M. Taimanow, 160 S., 124 Diagramme, Pappband. ●●

## Schach dem König
333 Kurzpartien unter 30 Zügen
(1124-5) Von A. Roismann, 272 S., 222 Diagramme, kartoniert. ●●

## Schnelle Schachsiege
Das meisterliche Gambitspiel
(1038-9) Von S. Samarian, 28 S., 125 Diagramme, kartoniert. ●●

Offizielles Lehrbuch des Deutschen
Schachbundes
## Das systematische Schachtraining
Trainingsmethoden, Strategien und Kombi-
nationen.
(0857-0) Von Sergiu Samarian, 152 S., 159
Diagramme, 1 Zeichnung, kartoniert. ●●

## Taktische Schachendspiele
(0752-3) Von J. Nunn, 208 S., 152 Diagramme, kart. ●●

**Schachstrategie**
Ein Intensivkurs mit Übungen und ausführlichen Lösungen.
(0584-9) Von A. Koblenz, dt. Bearb. von K. Colditz, 212 S., 240 Diagramme, kart. ●●

**Schachtraining mit den Großmeistern**
(0670-5) Von H. Bouwmeester, 128 S., 90 Diagramme, kart. ●●

**So denkt ein Schachmeister**
Strategische und taktische Analysen.
(0915-1) Von H. Pfleger, G. Treppner, 120 S., 75 Diagramme, kart. ●●

**Schach als Kampf**
Meine Spiele und mein Weg.
(0729-9) Von G. Kasparow, 144 S., 95 Diagramme, 9 s/w-Fotos, kart. ●●

**Kasparows Schacheröffnungen**
(1021-4) Von O. Borik, 136 S., 16 s/w-Fotos, kartoniert. ●●

**Schach-WM 1990**
**Kasparow-Karpow**
(1122-9) Von O. Borik, Dr. H. Pfleger, 136 S., zahlreiche Diagramme, kartoniert. ●●

# Mensch und Gesundheit

Der moderne Ratgeber
**Wir werden Eltern**
Schwangerschaft · Geburt · Erziehung des Kleinkindes.
(4269-8) Von B. Nees-Delaval, 376 S., 335 2-farbige Abb., Pappband. ●●●●

**Wenn Sie ein Kind bekommen**
(4003-8) Von U. Klamroth, Dr. med. H. Oster, 240 S., 86 s/w-Fotos, 30 Zeichnungen, kartoniert. ●●●

**Wenn der Mensch zum Vater wird**
Ein heiter-besinnlicher Ratgeber
(4259-0) Von D. Zimmer, 160 S., 20 Zeichnungen, Pappband. ●●●

Vorbereitung auf die Geburt und
**Schwangerschaftsgymnastik**
Atmung, Rückbildungsgymnastik.
(0251-3) Von S. Buchholz, 112 S., 98 s/w-Fotos, kartoniert. ●

**Die Kunst des Stillens**
nach neuesten Erkenntnissen (0701-9) Von Prof. Dr. med. E. Schmidt, S. Brunn, 112 S., 20 Fotos und Zeichnungen, kart. ●

**Das Babybuch**
Pflege · Ernährung · Entwicklung
(0531-9) Von A. Burkert, 96 S., 76 zweifbg. Zeichnungen, 22 s/w-Zeichnungen, kart. ●●

**Babyfitneß**
Massage, Spiele, Gymnastik und Schwimmen für Kinder im 1. Lebensjahr
(1034-6) Von G. Zeiß, 112 S., 179 zweifarbige Illustrationen, kartoniert. ●●

**Wenn Kinder krank werden**
Medizinischer Ratgeber für Eltern
(4240-X) Von Dr. med. I. J. Chasnoff, B. Nees-Delaval, 232 S., 163 Zeichnungen, Pappband. ●●●

**Keinen Mann um jeden Preis**
Das neue Selbstverständnis der Frau in der Partnerbeziehung
(4440-2) Von Shere Hite, Kate Colleran, 208 S., Pappband. ●

**Total verknallt ... und keine Ahnung?**
Alles über Liebe, Sex und Zärtlichkeit
(1024-9) Von H. Bruckner, R. Rathgeber, 104 S., 38 Abbildungen, kartoniert. ●●

**Sinnliche Liebe**
Sex und Partnerschaft
(4436-4) Von Dr. A. Stanway, 160 S., 60 vierfarbige Illustrationen, Pappband. ●●●●

Streicheleinheiten für Körper und Seele
**Partnermassage**
(4444-5) Von Chr. Unseld-Baumanns, 136 S., 145 Farbfotos, Pappband. ●●●●

**Bildatlas des menschlichen Körpers**
(4177-2) Von G. Pogliani, V. Vannini, 112 S., 402 Farbabb., 28 s/w-Fotos, Pappband. ●●●

**Nahrungsmittelallergien**
So ernähren Sie sich richtig!
(0913-5) Von Priv.-Doz. Dr. med. Dr. med. habil. J. von Mayenburg, Prof. Dr. med. Dr. phil. S. Borelli, E. Polster, 136 S., kart. ●●

**Arteriosklerose**
Risikofaktoren/Vorbeugung/Therapie
Richtige Ernährung bei erhöhtem Cholesterinspiegel.
(1020-6) Von Prof. med. G. Assmann, Dr. troph. U. Wahrburg, 192 S., 84 farb. Abb., 4 s/w-Zeichnungen, kartoniert. ●●

**Asthma**
Pseudokrupp, Bronchitis und Lungenemphysem
Krankheitsbilder · Diagnose · Therapie
(1126-1) Von Prof. med. W. Schmidt, S. Ertelt, 152 Seiten, 110 zweifarbige Zeichnungen, kartoniert. ●●●

**Asthma**
Pseudokrupp, Bronchitis und Lungenemphysem. (0778-7) Von Prof. Dr. med. W. Schmidt, 120 S., 56 Zeichnungen, kart. ●

**Gallenleiden**
Krankheitsbilder, Behandlung, Therapieverfahren, Selbstbehandlung. Richtige Lebensführung und Ernährung.
(0673-X) Von Dr. med. K. Steffens, 104 S., 34 Zeichnungen, kartoniert. ●

**Diabetes**
Krankheitsbild, Therapie, Kontrollen, Schwangerschaft, Sport, Urlaub, Alltagsprobleme. Neueste Erkenntnisse der Diabetesforschung. (0895-3) Von Dr. med. H. J. Krönke, 120 S., 4 Farbtafeln, 14 s/w-Fotos, 13 s/w-Zeichnungen, kartoniert. ●

**Krampfadern**
Ursachen, Vorbeugung, Selbstbehandlung, Therapieverfahren. (0727-2) Von Dr. med. K. Steffens, 112 S., 38 Abb., kartoniert. ●

**Das moderne Hausbuch der Naturheilkunde**
Neueste Erkenntnisse der Ganzheitsmedizin von Akupressur bis Zelltherapie.
(4403-8) Von G. Leibold, 448 S., 263 Farbzeich., 15 s/w-Fotos, Pappband. ●●●●●

**Naturkosmetik**
Die Grundlagen gesunder und natürlicher Hautpflege.
(1080-X) Von N. E. Haas, 120 S., 63 Farbabb., kartoniert. ●

Die sanfte Art des Heilens
**Homöopathie**
Praktische Anwendung und Arzneimittellehre
(4418-X) Von J. H. P. Kreuter, 216 S., 49 Zeichnungen, Pappband. ●●

**Aromatherapie**
Gesundheit und Entspannung durch ätherische Öle.
(1131-8) Von K. Schutt, 96 S., 40 zweifarbige Abbildungen, kartoniert. ●●

**Heilatmen**
Ein Weg zu Lebenskraft und innerer Harmonie
(1047-8) Von K. Schutt, 112 S., 57 zweifarbige Abb., kartoniert. ●●●

**Wetterfühligkeit**
Vorbeugen und behandeln
Der Einfluß von Wetter und Klima auf Körper und Psyche.
(0998-4) Von Dipl.-Met. H. Trenkle, fachl. Beratung Prof. Dr. V. Faust, 120 S., 8 Farbtafeln, 31 zweifarbige Abbildungen und Tabellen, kartoniert. ●●

Bewährte Naturheilverfahren bei
**Herz-Kreislauf-Erkrankungen**
(1084-2) Von Dr. med. O. Wolff, G. Leibold, 104 S., kartoniert. ●

**Krebsangst und Krebs behandeln**
Mit einem Vorwort von Prof. Dr. med. Friedrich Douwes.
(0839-2) Von G. Leibold, 104 S., kartoniert. ●

Bewährte Naturheilverfahren bei
**Krebs**
(1082-6) Hrsg. H.-R. Heiligtag, 88 S., kartoniert. ●

**Heilen mit Blütenenergien**
nach Dr. Bach
(1141-5) Von J. Wenzel, ca. 96 S., kart. ●

Bewährte Naturheilverfahren bei
**Migräne und Schlafstörungen**
(1081-8) Von G. Leibold, Dr. med. H. Chr. Scheiner, 112 S., kartoniert. ●

**Gesunder Schlaf**
Schlafstörungen ohne Medikamente erfolgreich behandeln.
(1036-2) Von D. H. Alke, 88 S., 22 s/w-Abb., mit Audiokassette, kartoniert. ●●●

Natürliche Behandlungsmethoden bei
**Rückenschmerzen**
Massage · Gymnastik · Entspannung
(4447-X) Von Prof. Dr. med. H. Hess, K. Eder, H.-J. Montag, K. Schutt, 152 S., 168 Farbabbildungen, Pappband. ●●●

Bewährte Naturheilverfahren bei
**Rückenschmerzen**
mit Spezialthema Alta-Major-Methode
(1140-7) Von G. Leibold, ca. 96 S., kart. ●

**Rheuma behandeln und lindern**
Mit einem Vorwort von Dr. med. Max-Otto Bruker.
(0836-8) Von G. Leibold, 96 S., kartoniert. ●

**Besser sehen durch Augentraining**
Ein Gesundheitsprogramm zur Verbesserung des Sehvermögens.
(0914-3) Von K. Schutt, B. Rumpler, 96 S., 32 s/w-Zeichnungen, kartoniert. ●

**Allergien behandeln und lindern**
Mit einem Vorwort von Prof. Dr. med. Axel Stemmann.
(0840-6) Von G. Leibold, 96 S., 4 Zeichnungen, kartoniert. ●

**Enzyme**
Vitalstoffe für die Gesundheit
(0677-2) Von G. Leibold, 96 S., kartoniert. ●

**Kneippkuren zu Hause**
(0779-5) Von G. Leibold, 112 S., 25 Zeichnungen, kartoniert. ●

**Besser leben durch Fasten**
(0841-4) Von G. Leibold, 96 S., kartoniert. ●

**Die echte Schroth-Kur**
(0797-3) Von Dr. med. R. Schroth, 88 S., 2 s/w-Fotos, kartoniert. ●

Massagetechniken und Heilanzeigen
**Reflexzonentherapie**
(4404-6) Von G. Leibold, 128 S., 53 Farbzeichnungen, Pappband. ●●●

**Akupressur** zur Eigenbehandlung
(0417-6) Von G. Leibold, 112 S., 78 Abb., kartoniert. ●

Chinesische Punktmassage
**Akupressur**
(4419-4) Von F.T. Lie, 192 S., 332 zweifarbige Abb., Pappband. ●●●●

**Shiatsu-Massage**
Harmonisierung der Energieströme im Körper
(0615-2) Von G. Leibold, 196 S., 180 Abb., kartoniert. ●●●

**Fußsohlenmassage**
Heilanzeigen · Technik · Selbsthilfe
(0714-0) Von G. Leibold, 96 S., 38 Zeichnungen, kartoniert. ●

Entspannung und Schmerzlinderung durch
**Massage**
(0750-7) Von B. Rumpler, K. Schutt, 112 S.,
116 zweifarbige Zeichnungen, kart. ●

**Entspannung**
(0834-1) Von Dr. med. Chr. Schenk, 88 S.,
29 Zeichnungen, kart. ●

Erfolg und Lebensfreude durch
**Autogenes Training und Psycho-
kybernetik**
(1035-4) Von D. H. Alke, 80 S., 2 s/w-Zeich-
nungen, mit Audiokassette, kartoniert. ●●●

**Hypnose und Autosuggestion**
Methoden · Heilwirkungen · praktische Beispiele. (0483-4) Von G. Leibold, 120 S.,
9 Illustrationen, kart. ●

Chinesisches Schattenboxen
**Tai-Ji-Quan**
für geistige und körperliche Harmonie
(0850-3) Von F.T. Lie, 120 S., 221 s/w-Fotos,
9 s/w-Zeichnungen, Beilage: 1 s/w-Poster mit
zahlreichen Abbildungen, kart. ●●

**Yoga**
Weg zur Harmonie
(4417-8) Von A. Harf, W. von Rohr, 176 S.,
171 Farbfotos, 12 s/w-Zeichnungen, Pappband. ●●●●

**Yoga gegen Haltungsschäden und
Rückenschmerzen**
(0394-3) Von A. Raab, 104 S., 215 Abb.,
kartoniert. ●

Neue Rezepte für **Diabetiker-Diät**
Vollwertig · abwechslungsreich · kalorien-
arm.
(0418-4) Von M. Oehlrich, 96 S., 8 Farbtafeln, kartoniert. ●

**Diät bei Herzkrankheiten und Bluthoch-
druck**
Rezeptteil von B. Zöllner.
(3202-1) Von Prof. Dr. med. H. Rottka, 92 S.,
4 Farbtafeln, kartoniert. ●●

**Diät bei Erkrankungen der Nieren, Harn-
wege und bei Dialysebehandlung**
Rezeptteil von B. Zöllner.
(3203-X) Von Prof. Dr. med. Dr. h. c. H. J.
Sarre und Prof. Dr. med. R. Kluthe, 96 S., 33
Farbfotos, 1 s/w-Zeichnung, kartoniert. ●●

**Richtige Ernährung wenn man älter wird**
Rezeptteil von B. Zöllner.
(3204-8) Von Prof. Dr. med. H.-J. Pusch,
96 S., 36 Farbfotos und 3 s/w-Zeichnungen,
kartoniert. ●●

**Diät bei Darmkrankheiten**
Durchfall · Divertikulose, Reizdarm und
Darmträgheit · einheimische Sprue (Zöllaki)
· Disaccharidasemangel · Dünndarmresek-
tion · Dumping Syndrom, Rezeptteil von B.
Zöllner. (3211-0) Von Prof. Dr. med. G. Stroh-
meyer, 88 S., 4 Farbtafeln, kartoniert. ●●

**Diät bei Gicht und Harnsäuresteinen**
Rezeptteil von B. Zöllner.
(3205-6) Von Prof. Dr. med. N. Zöllner,
112 S., 35 Farbtafeln, kartoniert. ●●

**Diät bei Zuckerkrankheit**
Rezeptteil von B. Zöllner. (3206-4) Von Prof.
Dr. med. P. Dieterle, 112 S., 42 Farbfotos,
4 vierfarbige Vignetten, 1 s/w-Zeichnung,
kartoniert. ●●

**Diät bei Störungen des Fettstoffwechsels
und zur Vorbeugung der Arteriosklerose**
Rezeptteil von B. Zöllner.
(3208-0) Von Prof. Dr. med. G. Wolfram,
104 S., 32 Farbfotos, kartoniert. ●●

**Ballaststoffreiche Kost bei Funktions-
störungen des Darms**
Rezeptteil von B. Zöllner.
(3212-9) Von Prof. Dr. med. H. Kasper, 96 S.,
34 Farbfotos, 1 s/w-Foto, kart. ●●

**Diät bei Krankheiten des Magens und
Zwölffingerdarms**
Rezeptteil von B. Zöllner.
(3201-3) Von Prof. Dr. med. H. Kaess, 96 S.,
35 Farbfotos, 1 s/w-Zeichnung, kartoniert.
●●

**Diät bei Krankheiten der Gallenblase,
Leber und Bauchspeicheldrüse**
Rezeptteil von B. Zöllner.
(3207-2) Von Prof. Dr. med. H. Kasper, 88 S.,
35 Farbfotos, 1 s/w-Zeichnung, kartoniert. ●●

**Diät bei Übergewicht**
Rezeptteil von B. Zöllner.
(3209-9) Von Prof. Dr. med. Ch. Keller,
104 S., 42 Farbfotos, 3 s/w-Zeichnungen,
kart. ●●

# Garten und Tiere

**Garten heute**
Der moderne Ratgeber · Über 1000 Farbbil-
der. (4283-3) Von H. Jantra, 384 S., über
1000 Farbabb., Pappband. ●●●●

**Helmut Jantras Gartenbuch**
Obst · Gemüse · Blumen
(4522-0) Von H. Jantra, 200 S., 395 Farbfotos, 123 Farbzeichnungen, 25 Tabellen,
Pappband. ●●

**1000 ganz bewährte Garten-Tips**
(4453-4) Von H. Jantra, 320 S., 288 zweifarbige und 62 s/w-Zeichnungen, Pappband.
●●●

Obst, Gemüse, Blumen, Gras
**Gärtnern macht den Kindern Spaß**
(4517-4) Von U. Krüger, 96 S., 85 Farbfotos,
180 Farbzeichnungen, Pappband. ●●

**Rosen**
Auswahl · Pflege · Gestaltung
(1183-0) Von H. Jantra, 120 S., 200 Farbfotos, 20 Farbzeichnungen, 8 Bepflanzungspläne, kartoniert. ●●

**Erfolgstips für den Obstgarten**
Gesunde Früchte durch richtige Sortenwahl
und Pflege.
(0827-9) Von F. Mühl, 184 S., 16 Farbtafeln,
33 Zeichnungen, kartoniert. ●●

**Erfolgstips für den Gemüsegarten**
Mit naturgemäßem Anbau zu höherem
Ertrag. (0674-8) Von F. Mühl, 80 S., 30 s/w-
Fotos, 4 Zeichnungen, kartoniert. ●

**Mischkultur im Nutzgarten**
Mit Jahreskalender und Anbauplänen.
(0651-9) Von H. Oppel, 112 S., 8 Farbtafeln,
23 s/w-Fotos, 29 Zeichnungen, kart. ●

**Obstgehölze sachgemäß schneiden**
(1127-X) Von P.G. Wilhelm, ca. 128 S., ca.
50 zweifarbige und 200 s/w-Zeichnungen,
kartoniert. ●●

**Erfolgstips für den Ziergarten**
Schmuckpflanzen und Rasen richtig pflegen.
(0930-5) Von F. Mühl, 156 S., 12 Farbtafeln,
26 s/w-Zeichnungen, kartoniert. ●●

Erfolgreich gärtnern mit
**Frühbeet und Folie**
(0828-7) Von Dr. Gustav Schoser, 88 S.,
8 Farbtafeln, 46 s/w-Fotos, kartoniert. ●

**Gesunde Zierpflanzen im Garten**
Krankheiten erkennen und behandeln.
Mit neuem Diagnose-System.
(4429-1) Von Prof. Dr. G. Stelzer, 208 S.,
456 Farbfotos, 5 s/w- und 5 Farbzeichnungen, Pappband. ●●●●

**Erfolgreich gärtnern**
durch naturgemäßen Anbau
(4252-3) Von I. Gabriel, 416 S., 176 Farbfotos, 212 Farbzeichnungen, Pappband. ●●●

**Aktion Garten ohne Gift**
Gesunde Umwelt durch natürlichen Pflanzen-
schutz.
Ein Praxis-Handbuch von E. Hoplitschek u.
B. M. Tegethoff. (4425-9) 176 S., 250 Farbfotos, 35 Farb- und 29 s/w-Zeichn., Pappband. ●●●●

**Neuanlage eines Biogartens**
Planung, Bodenvorbereitung, Gestaltung
(0721-3) Von I. Gabriel, 128 S., 73 Farbfotos,
39 Zeichnungen, kartoniert. ●●

**Gesunde Pflanzen im Biogarten**
Biologische Maßnahmen bei Schädlingsbe-
fall und Pflanzenkrankheiten.
(0707-8) Von I. Gabriel, 128 S., 126 Farbfotos, kartoniert. ●●

**Obst und Beeren im Biogarten**
Gesunde und schmackhafte Früchte durch
natürlichen Anbau. (0780-9) Von I. Gabriel,
128 S., 109 Farbabb., kartoniert. ●●

**Gemüse im Biogarten**
Gesunde Ernte durch natürlichen Anbau
(0830-9) Von I. Gabriel, 128 S., 26 Farbfotos,
86 Farbzeichnungen, kartoniert. ●●

**Kräuter und Heilpflanzen im Biogarten**
Gesunde Ernte durch natürlichen Anbau
(0929-1) Von I. Gabriel, 112 S., 63 Farbfotos,
19 Farbzeichnungen, kartoniert. ●●

**Der biologische Zier- und Wohngarten**
Planen, Vorbereiten, Bepflanzen und Pflegen
(0748-5) Von I. Gabriel, 128 S., 72 Farbfotos,
46 Farbzeichnungen, kartoniert. ●●

**Kosmische Einflüsse auf unsere Garten-
pflanzen**
Sterne beeinflussen Wachstum und Gesundheit der Pflanzen. (0708-6) Von I. Gabriel,
112 S., 100 Farbabb., kartoniert. ●●

**Natürlich gärtnern unter Glas und Folie**
Anbauen und ernten rund ums Jahr
(0722-1) Von I. Gabriel, 128 S., 62 Farbfotos,
45 Farbzeichnungen, kartoniert. ●●

**Dekorative Kübelpflanzen**
Auswahl und Pflege
(1074-5) Von H. Jantra, 112 S., 180 Farbfotos, 35 Farbzeichnungen, kartoniert. ●●

**Blütenpracht auf Balkon und Terrasse**
(0928-3) Von M. Haberer, 88 S., 139 Farbfotos, kartoniert. ●●

**Gemüse, Kräuter, Obst aus dem Balkon-
garten**
Erfolgreich ernten auf kleinstem Raum
(0694-2) Von S. Stein, 32 S., 34 Farbfotos,
6 Zeichnungen, Spiralbindung, kart. ●

Gestaltungsideen für
**Schöne Gärten**
(4482-8) Von H. Jantra, 168 S., 309 Farbfotos, 3 s/w-Fotos, Pappband. ●●●●●

**Kleingärten**
Planen · Anlegen · Pflegen
(1015-X) Von H. Jantra, 88 S., 123 Farbfotos,
1 s/w-Foto, 14 Farbzeichnungen, kart. ●●

**Reihenhausgärten**
Planen · Anlegen · Pflegen
(1016-8) Von H. Jantra, 104 S., 134 Farbfotos, 45 Farbzeichnungen, kartoniert. ●●

**Steingärten** Wirkungsvoll gestalten und
sachgerecht pflegen
(4452-6) Von A. Throll-Keller, 128 S., 203
Farbfotos, 56 Farbzeichnungen, Pappband.
●●●●

**Gartenteiche, Tümpel und Weiher**
naturnah anlegen und pflegen
(1073-7) Von Dr. F. Liedl, H. Goos, 80 S.,
87 Farbfotos, 39 Farbzeichnungen, kart. ●●

**Wasser im Garten**
Von der Vogeltränke zum Naturteich · Natürliche Lebensräume selbst gestalten.
(4230-2) Von H. Hendel, P. Keßeler, 240 S.,
315 Farbabb., 11 s/w-Fotos, Pappband.
●●●●●

**Mein kleiner Gartenteich**
planen – anlegen – pflegen
(**0851**-1) Von I. Polascheck, 144 S., 108 Farbabb., 6 s/w-Zeichnungen, kart. ●●

**Pflanzen und Tiere für den Gartenteich**
(**1171**-7) Von W. Costa, 128 S., 169 Farbfotos, 40 Farbzeichnungen, 8 Bepflanzungspläne, kartoniert. ●●

**Häuser in lebendigem Grün**
Fassaden und Dächer mit Pflanzen gestalten
(**0846**-5) Von U. Mehl, K. Werk, 88 S., 116 Farbfotos, 4 Farb- und 17 s/w-Zeichnungen, kartoniert. ●●

**Wintergärten**
Das Erlebnis, mit der Natur zu wohnen.
Planen, Bauen und Gestalten.
(**4256**-6) Von LOG ID, 136 S., 130 Farbfotos, 107 Zeichnungen, Pappband. ●●●●

Rund ums Jahr erfolgreich gärtnern
**Gewächshäuser**
planen · bauen · einrichten · nutzen
(**4408**-9) Von Dr. G. Schoser, J. Wolff, 232 S., 368 Farbabb., Pappband.
●●●●●

**Ziergräser**
Über 100 Arten erfolgreich kultivieren
(**0829**-5) Von H. Jantra, 104 S., 73 Farbfotos, 6 Farbzeichnungen, kartoniert. ●

Das moderne Handbuch **Zimmerpflanzen**
(**4416**-X) Von H. Jantra, 304 S., 766 Farbfotos, 64 Farb- und 19 s/w-Zeichnungen, Pappband. ●●●●

**365 Erfolgstips für schöne Zimmerpflanzen**
(**0893**-7) Von H. Jantra, 144 S., 215 Farbfotos, kartoniert. ●●

**Dekorative Blattpflanzen**
Auswahl und Pflege
(**1128**-X) Von H. Jantra, 128 S., 198 Farbfotos, 20 Farbzeichnungen, kartoniert. ●●

Prof. Stelzers grüne Sprechstunde
**Gesunde Zimmerpflanzen**
Krankheiten erkennen und behandeln.
Mit neuem Diagnosesystem.
(**4274**-4) Von Prof. Dr. G. Stelzer, 192 S., 410 Farbfotos, 10 s/w-Zeichnungen, Pappband. ●●●●

**Hydrokultur**
Pflanzen ohne Erde – mühelos gepflegt.
(**0944**-5) Von H.-A. Rotter, 144 S., 167 Farbfotos, 13 Farbzeichnungen, kartoniert. ●●

**Bonsai** Japanische Miniaturbäume und Miniaturlandschaften. Anzucht, Gestaltung und Pflege.
(**4091**-1) Von B. Lesniewicz, 160 S., 106 Farbfotos, 46 s/w-Fotos, 115 Zeichnungen, gebunden. ●●●●●

**Fibel für Kakteenfreunde**
(**0199**-1) Von H. Herold, 102 S., 23 Farbfotos, 37 s/w-Abb., kartoniert. ●

Grzimek Juniors **BUNTE TIERWELT**
(**4295**-7) Von Chr. Grzimek, 208 S., 308 Farbfotos, Pappband. ●●●

**Hunde**
Rassen · Ausbildung · Pflege · Zucht
(**4118**-7) Von H. Bielfeld, 192 S., 222 Farb- und 73 s/w-Abb., Pappband. ●●●●

**Das neue Hundebuch**
Rassen · Aufzucht · Pflege
(**0009**-X) Von W. Busack, überarbeitet von Dr. med. vet. A. H. Hacker und H. Bielfeld, 112 S., 8 Farbtafeln, 27 s/w-Fotos, 6 Zeichnungen, kartoniert. ●

**Alles über Dackel, Teckel und Dachshunde**
(**1079**-6) Von M. Wein-Gysae, 80 S., 46 Farbfotos, 2 zweifarbige Zeichnungen, kart. ●●

**Hundeausbildung**
Verhalten · Gehorsam · Ausbildung
(**0346**-3) Von R. Menzel, 88 S., 26 Fotos, kartoniert. ●

**Grundausbildung für Gebrauchshunde**
Schäferhund, Boxer, Rottweiler, Dobermann, Riesenschnauzer, Airedaleterrier, Hovawart und Bouvier.
(**0801**-5) Von M. Schmidt und W. Koch. 104 S., 8 Farbtafeln, 51 s/w-Fotos, 5 s/w-Zeichnungen, kartoniert. ●

**Der Hund in der Familie**
(**1014**-1) Von J. Werner, 128 S., 106 Farbfotos, kartoniert. ●●

**Der Deutsche Schäferhund**
(**1091**-5) Von U. Förster, 112 S., 47 Farbzeichnungen, 2 s/w-Fotos, kartoniert. ●●

**Der Deutsche Schäferhund**
Aufzucht, Pflege und Ausbildung
(**0073**-1) Von A. Hacker, 104 S., 56 Abbildungen, kartoniert. ●

**Alles über junge Hunde**
(**0863**-5) Von Dr. med. vet. E. M. Bartenschlager, 64 S., 49 Farbfotos, 6 Zeichnungen, kartoniert. ●

**Richtige Hundeernährung**
(**0811**-2) Von Dr. med. vet. E. M. Bartenschlager, 80 S., 51 Farbfotos, 4 Farbzeichn., kartoniert. ●

**Hundekrankheiten**
(**1077**-X) Von Dr. med. vet. R. Spangenberg, 96 S., 44 Farb- und 1 s/w-Foto, 22 Farbzeichnungen, kartoniert. ●

Von Ajax bis Zamperl
**Die beliebtesten Hunde-Namen**
(**1174**-1) Von H.-J. Schließke, ca. 80 S., kartoniert. ●

**Katzen**
Rassen · Verhalten · Pflege · Zucht
(**4158**-6) Von B. Gerber, 176 S., 294 Farb- und 88 s/w-Fotos, Pappband. ●●●●

**Das neue Katzenbuch**
Rassen · Aufzucht · Pflege.
(**0427**-3) Von B. Eilert-Overbeck, 120 S., 14 Farbfotos, 26 s/w-Fotos, kartoniert. ●

**Katzenkrankheiten**
erkennen und behandeln
(**1078**-8) Von Dr. med. vet. R. Spangenberg, 104 S., 40 Farbfotos und 11 Farbzeichnungen, kartoniert. ●●

**Junge Katzen**
(**0862**-7) Von Dr. med. vet. E. M. Bartenschlager, 72 S., 40 Farbfotos, 4 Farbzeichnungen, kartoniert. ●

**Pferde**
(**4186**-1) Von H. Werner, 176 S., 196 Farb- und 50 s/w-Fotos, 100 Zeichnungen, Pappband. ●●●●

**Reiten im Bild**
(**0415**-X) Von H. Werner, 128 S., 142 Farbfotos, 107 Farbzeichnungen, kartoniert. ●●

**Der Hobby-Imker**
(**0978**-X) Von Dr. R. F. A. Moritz, 144 S., 106 zweifarbige Zeichnungen, kartoniert. ●●

**Geflügelhaltung als Hobby**
(**0749**-3) Von M. Baumeister, H. Meyer, 184 S., 8 Farbtafeln, 47 s/w-Fotos, 15 zweifarbige Zeichnungen, kartoniert. ●●

**Sittiche und kleine Papageien**
(**0864**-3) Von Dr. med. vet. E. M. Bartenschlager, 88 S., 84 Farbfotos, 9 Zeichnungen, kartoniert. ●

**Alles über Wellensittiche**
(**1129**-6) Von H. Bielfeld, 64 S., 53 Farbfotos, 3 Zeichnungen, kartoniert. ●●

**Alles über Kanarienvögel**
(**0901**-1) Von H. Schnoor, 64 S., 58 Farbfotos und Zeichnungen, kartoniert. ●

Die Tiersprechstunde
**Artgerechte Vogelfütterung im Winter**
(**0908**-9) Von Dr. W. Keil, 64 S., 51 Farbfotos und Zeichnungen, kartoniert. ●

**Süßwasser-Aquarium**
(**4191**-8) Von H. J. Mayland, 288 S., 564 Farbfotos, 75 Zeichnungen, Pappband.
●●●●●

Die Tiersprechstunde
**Gesunde Fische im Süßwasseraquarium**
(**1013**-3) Von H. J. Mayland, 96 S., 73 Farbfotos, 10 Zeichnungen, kartoniert. ●

**Tiere im Wassergarten**
(**0808**-2) Von Dr. med. vet. E. M. Bartenschlager, 96 S., 84 Farbfotos, 7 Zeichnungen, kartoniert. ●●

Die Tiersprechstunde
**Alles über Zwerg- und Goldhamster**
(**1012**-5) Von M. Mettler, 96 S., 96 Farbfotos, kartoniert. ●

**Alles über Chinchillas und Degus**
(**1130**-X) Von M. Mettler, 96 S., 80 Farbfotos, 3 Zeichnungen, kartoniert. ●

**Alles über Meerschweinchen**
(**0809**-0) Von Dr. med. vet. E. M. Bartenschlager, 72 S., 43 Farbfotos, 11 Farbzeichnungen, kartoniert. ●

**Alles über Igel in Natur und Haus**
(**0810**-4) Von Dr. med. vet. E. M. Bartenschlager, 68 S., 51 Farbfotos, kartoniert. ●

**Alles über Zwergkaninchen**
(**1075**-3) Von M. Mettler, 64 S., 52 Farbfotos, kartoniert. ●

# Reise

**Vom Morgenland ins Reich der Sonnengöttin**
Lebensbilder aus dem Nahen und Fernen Osten. (**4449**-6) Von J. Schneider, H. Schoen, 160 S., 266 Farbfotos, 1 farbige Karte, Pappband. ●●●●

**Traumreisen**
Unterwegs auf den schönsten Straßen der Welt. (**4468**-2) Von T. Pehle, 192 S., 288 Farbfotos, 12 Zeichnungen, Pappband. ●●●●

**Streifzüge durch die deutsche Kulturgeschichte**
(**4490**-9) Von L. von Saalfeld, Dr. D. Kreidt, U. Stöckel, A. Hürmer, 208 S., über 100 Farbfotos, 52 Lagepläne, Pappband. ●●●

**Der Metternich 90/91**
Die besten Adressen für Feinschmecker in Deutschland. (**4488**-7) Hrsg. von P. A. Fürst von Metternich-Winneburg, bearbeitet von C. Arius, 464 S., 366 Farbfotos, 5 Übersichtskarten, Pappband. ●●●●

**Berlin**
**Die neue Metropole**
(**1145**-8) Von R. Mader, 96 S., 116 Farbfotos, 15 hist. Landschafts- und Städteabbildungen, 1 Stadtplan, kartoniert. ●●

**An der Ostseeküste in Mecklenburg**
(**1137**-7) Von R. Mader, 96 S., 94 Farbfotos, 18 hist. Städte- und Landschaftsabbildungen, kartoniert. ●●

**Der Thüringer Wald und die Dichterstädte**
(**1135**-0) Von R. Mader, 96 S., 95 Farbfotos, 17 hist. Landschafts- und Städteabbildungen, kartoniert. ●●

**Der Harz**
(**1144**-X) Von R. Mader, 96 S., 100 Farbfotos, 17 hist. Städte- und Landschaftsabbildungen, kartoniert. ●●

**Dresden**
**Barockperle an der Elbe**
(**1134**-2) Von R. Mader, 96 S., 97 Farbfotos, 13 hist. Landschafts- und Städteabbildungen, 1 s/w-Foto, 1 aufklappbarer Stadtplan, kart. ●●

**Vom Spreewald zur Lausitz**
(**1136**-9) Von R. Mader, 96 S., 95 Farbfotos,
11 hist. Landschafts- und Städteabbildungen,
1 Panoramakarte, kartoniert. ●●

FALKEN Video
**Reiseziel DDR**
(**6061**-0) VHS, ca. 60 Minuten, in Farbe,
Kompaktreiseführer mit Panoramakarte im
Taschenformat. ●●●●●*

FALKEN Video
**Reiseziel Berlin**
(**6067**-X) VHS, ca. 60 Minuten, in Farbe,
Kompaktreiseführer mit Panoramakarte im
Taschenformat. ●●●●●*

FALKEN Video
**Reiseziel Ostseeküste DDR**
(**6062**-9) VHS, ca. 60 Minuten, in Farbe,
Kompaktreiseführer mit Panoramakarte im
Taschenformat. ●●●●●*

FALKEN Video
**Reiseziel USA**
Der Südwesten mit LAS VEGAS und den
schönsten Sehenswürdigkeiten in den
ROCKY MOUNTAINS.
(**6055**-6) VHS, ca. 60 Minuten, in Farbe,
Kompaktreiseführer mit Panoramakarte im
Taschenformat. ●●●●●*

FALKEN Video
**Info-Tour USA**
Die Highlights aus dem FALKEN Reisepro-
gramm New York, Kalifornien, Florida und
USA Süd-West.
(**6060**-2) VHS, ca. 30 Minuten, in Farbe. ●*

FALKEN Video
**Reiseziel New York**
(**6048**-3) VHS, ca. 60 Minuten, in Farbe, mit
Begleitbroschüre. ●●●●●*

FALKEN Video
**Reiseziel Florida**
(**6054**-8) VHS, ca. 60 Minuten, in Farbe,
Kompaktreiseführer mit Panoramakarte im
Taschenformat. ●●●●●*

FALKEN Video
**Reiseziel Kalifornien**
San Francisco und die schönsten Ziele in
Kalifornien.
(**6049**-1) VHS, ca. 60 Minuten, in Farbe, mit
Begleitbroschüre. ●●●●●*

FALKEN Video
**Reiseziel Hawaii**
(**6063**-7) VHS, ca. 60 Minuten, in Farbe,
Kompaktreiseführer mit Panoramakarte im
Taschenformat. ●●●●●*

FALKEN Video
**Reiseziel Thailand**
Exotisches Bangkok, traumhafte Strände,
berühmte Tempel und Paläste.
(**6065**-3) VHS, ca. 60 Minuten, in Farbe,
Kompaktreiseführer mit Panoramakarte im
Taschenformat. ●●●●●*

FALKEN Video
**Reiseziel Kanarische Inseln**
Schöne Strände, interessante Exkursionen.
(**6065**-5) VHS, ca. 60 Minuten, in Farbe,
Kompaktreiseführer mit Panoramakarte im
Taschenformat. ●●●●●*

FALKEN Video
**Reiseziel Irland**
Entdeckungsreise mit Boot und Planwagen,
präzise Informationen, praktische Tips.
(**6059**-9) VHS, ca. 60 Minuten, in Farbe,
Kompaktreiseführer mit Panoramakarte im
Taschenformat. ●●●●●*

FALKEN Video
**Reiseziel Norwegen**
Rundreise zu den schönsten Fjorden, präzise
Informationen, praktische Tips.
(**6058**-0) VHS, ca. 60 Minuten, in Farbe,
Kompaktreiseführer mit Panoramakarte im
Taschenformat. ●●●●●*

# Rat und Wissen

**Der gute Ton**
in Gesellschaft und Beruf.
(**0063**-4) Von I. Wolter, 80 S., 42 s/w-Fotos,
7 Zeichnungen, kartoniert. ●

**Der gute Ton**
im Privatleben.
(**1111**-3) Von I. Wolter, bearbeitet von Wolf
Stenzel, 104 S., 42 s/w-Abbildungen, kartoniert. ●

**Umgangsformen heute**
Die Empfehlungen des Fachausschusses für
Umgangsformen.
(**4015**-6) 252 S., 108 s/w-Fotos, 17 Zeichnungen, Pappband. ●

**Benehmen bei Tisch**
(**0988**-7) Von I. Cording, 80 S., 90 Farbfotos,
5 s/w-Zeichnungen, kartoniert. ●●

**Krawatten**
Fliegen, Schals und Tücher gekonnt binden
(**1072**-9) Von Y. Thalheim, H. Nadolny, 48 S.,
129 Farbfotos, 1 s/w-Foto, Pappband. ●

**Wir heiraten**
Ratgeber zur Vorbereitung und Festgestal-
tung der Verlobung und Hochzeit.
(**4188**-8) Von C. Poensgen, 216 S., 8 s/w-
Fotos, 30 s/w-Zeichnungen, 8 Farbtafeln,
Pappband. ●●●

**Von der Verlobung zur Goldenen
Hochzeit**
(**0393**-5) Von E. Runge, 112 S., kartoniert. ●

**Hochzeits- und Bierzeitungen**
Muster, Tips und Anregungen.
(**0288**-2) Von H.-J. Winkler, mit vielen Text-
und Gestaltungsanregungen, 116 S., 15 Abb.,
1 Musterzeitung, kartoniert. ●

**Die Silberhochzeit**
Vorbereitung · Einladung · Geschenkvor-
schläge · Dekoration · Festablauf · Menüs ·
Reden · Glückwünsche. (**0542**-3) Von K. F.
Merkle, 112 S., 41 Zeichnungen, kart. ●

**Wie soll es heißen?**
(**0211**-4) Von D. Köhr, 136 S., kartoniert. ●

**Unsere beliebtesten Vornamen**
(**1023**-0) Von A. F.W. Weigel, 160 S., 75 s/w-
Fotos, Pappband. ●●

**Kindergedichte, Lieder und Sketche für
Hochzeitsfeiern**
(**1112**-1) Von B. Lins, 72 S., 26 farbige Abbildungen, 15 Lieder, kartoniert. ●

**Kindergedichte zur grünen, silbernen und
goldenen Hochzeit**
(**0318**-8) Von H.-J. Winkler, 104 S., 20 Abb.,
kartoniert. ●

**Kindergedichte für Familienfeste**
(**0860**-0) Von B. H. Bull, 96 S., 20 Zeichnungen, kartoniert. ●

**Kindergedichte rund ums Jahr**
(**1040**-0) Von A. Schweiggert, 80 S., 49
Zeichnungen, 6 Vignetten, kartoniert. ●

**Ins Gästebuch geschrieben**
(**0576**-8) Von K. H. Trabeck, 96 S., 24 Zeichnungen, kartoniert. ●

**Der Verseschmied**
Kleiner Leitfaden für Hobbydichter. Mit Reim-
lexikon.
(**0597**-0) Von T. Parisius, 96 S., 28 Zeichnungen, kartoniert. ●

**Die schönsten Volkslieder**
(**0432**-X) Hrsg. D. Walther, 128 S., mit Noten
und Zeichnungen, kartoniert. ●

Wo man singt . . .
**Lieder aus Deutschland**
(**4507**-7) Hrsg. von R. Werion, Prof. H. Rauhe,
H. R. Beierlein, 288 S., 217 Farbzeichnungen,
Pappband. ●●●

**Neue Glückwunschfibel**
für groß und klein. (**0156**-8) Von R. Christian-
Hildebrandt, 96 S., 13 Vignetten, kartoniert.
●

**Großes Buch der Glückwünsche**
(**0255**-6) Hrsg. von O. Fuhrmann, 176 S., 77
Zeichnungen und viele Gestaltungsvorschläge, kartoniert. ●●

**Verse fürs Poesiealbum**
(**0241**-6) Von I. Wolter, 96 S., 20 Abb.,
kartoniert. ●

Heiter und besinnliche
**Verse fürs Poesiealbum**
(**1069**-9) Von B. H. Bull, 160 S., 70 zweifarbige Illustrationen, Pappband. ●●

**Reden und Ansprachen**
für jeden Anlaß. (**4009**-1) Hrsg. von F. Sicker,
454 S., gebunden. ●●●●

**Die Kunst der freien Rede**
Ein Intensivkurs mit vielen Übungen,
Beispielen und Lösungen.
(**4189**-6) Von G. Hirsch, 232 S., 11 Zeichnungen, Pappband. ●●●

**Festreden und Vereinsreden**
Muster für alle Gelegenheiten
(**0069**-3) Von K. Lehnhoff, E. Ruge, 96 S.,
kartoniert. ●

**Trinksprüche, Gästebuchverse,
Richtsprüche**
(**0224**-6) Von D. Kellermann, 96 S., kartoniert. ●

**Glückwünsche, Toasts und Festreden zur
Hochzeit**
(**0264**-5) Von I. Wolter, 112 S., 18 Zeichnungen, kartoniert. ●

**Reden zur Taufe, Kommunion und
Konfirmation**
(**0751**-5) Von G. Georg, 96 S., kartoniert. ●

**Reden zu Familienfesten**
Musteransprachen für viele Gelegenheiten
(**0675**-6) Von G. Georg, 112 S., kartoniert. ●

**Reden im Verein**
Musteransprachen für viele Gelegenheiten
(**0703**-5) Von G. Georg, 112 S., kartoniert. ●

**Reden zum Jubiläum**
Musteransprachen für viele Gelegenheiten
(**0595**-4) Von G. Georg, 112 S., kartoniert. ●

**Reden und Sprüche zu Grundsteinlegung,
Richtfest und Einzug**
(**0598**-0) Von A. Bruder, G. Georg, 96 S.,
kartoniert. ●

**Die überzeugende Rede**
Mehr Erfolg durch bessere Rhetorik
(**0076**-6) Von K. Wolter, G. Kunz, 96 S.,
kartoniert. ●

**Moderne Korrespondenz**
Handbuch für erfolgreiche Briefe
(**4014**-8) Von H. Kirst und W. Manekeller,
544 S., Pappband. ●●●●

**Musterbriefe**
für alle Gelegenheiten.
(**0231**-9) Hrsg. von O. Fuhrmann, 240 S.,
kartoniert. ●

FALKEN-Software
**Musterkorrespondenz in Deutsch, Eng-
lisch, Französisch, Italienisch, Spanisch**
(**7041**-1) Diskette 5 1/4" für IBM-PC + Kompatible, mit Begleitbroschüre. ●●●●●*
(**7051**-9) Diskette 3 1/2" für IBM-PC + Kompatible, mit Begleitbroschüre. ●●●●●*

FALKEN-Software
**TEXAD**
Das komfortable Korrespondenzprogramm
für den privaten und geschäftlichen Bereich
(**7017**-9) 2 Disketten für IBM-PC + Kompatible, 5 1/4", mit Begleitheft, **DM 198,–**\*, S
1980,–\*, SFr 198,–\*.
(**7048**-9) Diskette 3 1/2", mit Handbuch.
●●●●●\*

(**7049**-7) Demo-Version 5 1/4", o. Handbuch.
●●\*

(**7050**-0) Demo-Version 3 1/2", o. Handbuch.
●●\*

**Privatbriefe**
Muster für alle Gelegenheiten. (**0114**-2) Von
I. Wolter-Rosendorf, 112 S., kart.●

**Erfolgstips für den Schriftverkehr**
Briefgestaltung · Rechtschreibung · Zeichensetzung · Stil. (**0678**-0) Von U. Schoenwald,
112 S., kart.●

**Geschäftliche Briefe**
des Privatmanns, Handwerkers, Kaufmanns
(**0041**-3) Von A. Römer, 124 S., kart.●

**Behördenkorrespondenz**
Musterbriefe · Anträge · Einsprüche
(**0412**-5) Von E.Ruge, 112 S., kart.●

**Worte und Briefe der Anteilnahme**
(**0464**-8) Von E. Ruge, 96 S., mit vielen Abb.,
kart. ●

**Briefe zu Geburt und Taufe**
Glückwünsche und Danksagungen. (**0802**-5)
Von H. Beitz, 96 S., 12 Zeichnungen, kart. ●

**Briefe zum Geburtstag**
Glückwünsche und Danksagungen. (**0822**-8)
Von H. Beitz, 104 S., 22 Zeichnungen, kart. ●

**Briefe der Liebe**
Anregungen für gefühlvolle und zärtliche
Worte. (**0903**-8) Hrsg. von H. Beitz, 96 S.,
4 Zeichnungen, kart. ●

**Erziehungsgeld, Mutterschutz,
Erziehungsurlaub**
Das neue Recht für Eltern
(**0835**-X) Von J. Grönert, 144 S., kart. ●

**Liebe ja – Ehe nein**
Die nichteheliche Lebensgemeinschaft
(**1071**-0) Von T. Drewes, 104 S., 8 s/w-Zeichnungen, kartoniert. ●

**Scheidung und Unterhalt**
nach dem neuen Eherecht.
(**0403**-6) Von T.Drewes, 112 S., mit Kosten
und Unterhaltabellen, kart. ●

**Testament und Erbschaft**
Erbfolge, Rechte und Pflichten der Erben, Erbschafts- und Schenkungssteuer, Mustertestamente. (**4139**-X) Von T. Drewes, R. Hollender,
304 S., Pappband. ●●●

**Der letzte Wille**
Ratgeber für Erblasser, Erben und Hinterbliebene in Rechts-, Versorgungs- und Steuerfragen (**0939**-7) Von T. Drewes, 136 S., 9 s/w-
Zeichnungen, kart. ●●

**Mietrecht**
Leitfaden für Mieter und Vermieter
(**0479**-6) Von J. Beuthner, 196 S., kart. ●●

Präzise Ratschläge für **Ihre optimale Rente**
Vorbereitung · Berechnungsgrundlagen ·
Gesetzesänderungen · Individuelle Rechenbeispiele. (**0806**-6) Von K. Möcks, 96 S., 24
Formulare, 1 Graphik, kart. ●

**Haushaltstips** praktisch und umweltfreundlich
(**1046**-X) Von K. Winkell, 96 S., 36 Zeichnungen, kartoniert. ●

**Haushaltstips von A – Z**
(**0759**-0) Von A. Eder, 80 S., 30 Zeichnungen, kartoniert. ●

**Der Umweltfahrplan**
Ein praktischer Ratgeber für Haushalt und
Familie
(**1103**-2) Von K. Riedesser, hrsg. von der
Aktionsgemeinschaft Umwelt, Gesundheit,
Ernährung e. V., Hamburg, 144 S., 34 s/w-
Zeichnungen, kart. ●

**Wege zum Börsenerfolg**
Aktien · Anleihen · Optionen
(**4275**-2) Von H. Krause, 252 S., 4 s/w-Fotos,
86 Zeichnungen, kart. ●●●●

FALKEN-Software
**Börsenfieber**
Spielend spekulieren mit Geld und Aktien
(**7016**-0) IBM-PC und Kompatible, Diskette
5 1/4", mit Begleitheft, ●●●●●\*

(**7026**-8) für C 64/C 128 PC, mit Begleitheft
(**7027**-6) für Atari ST 520/1040, mit Begleitheft
(**7028**-4) für Amiga, mit Begleitheft
(**7044**-6) für IBM PC + Kompatible, Diskette
3 1/2", mit Begleitheft.

FALKEN-Software
**Börsenfieber**
Über 100 neue Ereignisse
(**7066**-7) Diskette 5 1/4" für IBM-PC + Kompatible, mit Begleitbroschüre. ●●●\*
(**7067**-5) Diskette 3 1/2" für IBM-PC + Kompatible, mit Begleitbroschüre. ●●●\*

FALKEN-Software
**Broker King**
Cash und crash an der Terminbörse. Mit
Warenterminmgeschäft und Optionshandel
(**7057**-5) Diskette 5 1/4" für IBM-PC + Kompatible, mit Begleitbroschüre. ●●●●● \*
(**7058**-6) Diskette 3 1/2" für IBM-PC + Kompatible, mit Begleitbroschüre. ●●●●●\*

**Richtige Groß- und Kleinschreibung**
durch neue, vereinfachte Regeln. Erläuterungen der Zweifelsfragen anhand vieler Beispiele.
(**0897**-X) Von Prof. Dr. Ch. Stetter, 96 S., kart.
●

**Gutes Deutsch** schreiben und sprechen
(**4432**-1) Von W. Manekeller, Dr. G. Reinert-
Schneider, 416 S., durchgehend zweifarbig,
Pappband. ●●●●

Mehr Erfolg in der Schule
**Deutsche Rechtschreibung und
Grammatik**
Übungen und Beispiele für die Klassen 5-10.
(**4407**-0) Von K. Schreiner, 256 S., durchgehend zweifarbig, Pappband. ●●●●

**Richtiges Deutsch** Rechtschreibung ·
Zeichensetzung · Grammatik · Stilkunde
(**0551**-2) Von K. Schreiner, 128 S., 7 Zeichnungen, kart. ●

**Besseres Deutsch**
Mit Übungen und Beispielen für Rechtschreibung, Diktate, Zeichensetzung, Aufsätze,
Grammatik, Literaturbetrachtung, Stil, Briefe,
Fremdwörter, Reden.
(**4115**-2) Von K. Schreiner, 444 S., 7 s/w-
Fotos, 27 Zeichnungen, Pappband. ●●●

**Richtige Zeichensetzung**
durch neue, vereinfachte Regeln. Erläuterungen der Zweifelsfragen anhand vieler
Beispiele.
(**0744**-4) Von Prof. Dr. Ch. Stetter, 160 S.,
kart. ●

**Diktate besser schreiben**
Übungen zur Rechtschreibung für die Klassen 4 bis 8
(**0469**-9) Von K. Schreiner, 152 S., 31 Zeichnungen, kartoniert. ●●

**Deutsche Grammatik**
Ein Lern- und Übungsbuch
(**0704**-3) Von K. Schreiner, 122 S., kart. ●

**Aufsätze besser schreiben**
Förderkurs für die Klassen 4 – 10
(**0429**-X) Von K. Schreiner, 144 S., 31 Abb.,
kartoniert. ●●

Mehr Erfolg in der Schule
**Der Deutschaufsatz**
Übungen und Beipiele für die Klassen 5-10.
(**4271**-X) Von K. Schreiner, 240 S., 4 s/w-
Fotos, 51 Zeichnungen, Pappband. ●●●

Mehr Erfolg in der Schule
**Deutsch**
Textinterpretation, Literaturgeschichte und
Stilkunde
(**4483**-6) Von K. Schreiner, 272 S., 43 zweifarbige Zeichnungen, Pappband. ●●●●

Mehr Erfolg in der Schule **Mathematik 1**
Arithmetik und Algebra. Übungen, Beispiele
und Lösungen für die Klassen 5 bis 10.
(**4420**-8) Von R. Müller-Fonfara, 256 S.,
193 Zeichn., 2 s/w-Fotos, Pappband. ●●●

Mehr Erfolg in der Schule
**Mathematik 2**
Geometrie, Statistik, Wahrscheinlichkeitsrechnung und kaufmännisches Rechnen
(**4456**-9) Von R. Müller-Fonfara, W. Scholl,
256 S., 6 s/w-Fotos, 304 Zeichnungen, Pappband. ●●●

**Mathematische Formeln für Schule und
Beruf**
Mit Beispielen und Erklärungen.
(**0499**-0) Von R. Müller-Fonfara, 156 S.,
210 Zeichnungen, kart. ●

**Schülerlexikon der Mathematik**
Formeln, Übungen und Begriffserklärungen
für die Klassen 5 – 10
(**0430**-3) Von R. Müller-Fonfara, 176 S.,
96 Zeichnungen, kart. ●

**Mathematik-Textaufgaben leicht gelöst**
Aufgaben · Lösungsstrategien · Anwendungsbeispiele
(**1022**-2) Von R. Müller-Fonfara, 128 S., 4
Zeichnungen, kartoniert. ●●

**Rechnen aufgefrischt** für Schule und Beruf.
(**0100**-2) Von H. Rausch, 144 S., kart. ●

FALKEN-Software
**Wirtschaftsrechnen in Beruf und Alltag**
(**7037**-3) Diskette für IBM-PC und Kompatible, mit Begleitheft. ●●●●●\*

Mehr Erfolg in der Schule
**Physik**
Mechanik · Wärmelehre · Optik · Elektrizität ·
Atomphysik
(**4448**-8) Von Dr. T. Neubert, 240 S., 219
Zeichnungen, Pappband. ●●●●

**Physik verständlich**
Förderkurs für die Klassen 7 bis 10
(**0926**-7) Von Dr. Th. Neubert, 136 S., 146
s/w-Zeichnungen, 166 Aufgaben, kart. ●●

**Besseres Englisch**
Grammatik und Übungen für die Klassen 5
bis 10.
(**0745**-0) Von E. Henrichs, 144 S., kart. ●●

Mehr Erfolg in der Schule
**Englische Grammatik**
Regeln und Übungen für die Klassen 5 bis 13
(**4431**-3) Von E. Henrichs-Kleinen, 256 S.,
durchgehend zweifarbig, Pappband. ●●●

FALKEN-Software
**Business English for Secretaries**
Lernen und üben in berufsbezogenen Situationen (**7035**-7) Diskette 5 1/4" für IBM-PC +
Kompatible, mit Begleitbroschüre. ●●●●●\*
(**7059**-4) Diskette 3 1/2" für IBM-PC + Kompatible, mit Begleitbroschüre. ●●●●●\*

FALKEN-Software
**The Grammar-Master**
Englische Grammatik üben und beherrschen
(**7002**-0) Diskette für den C 64/C 128 PC
●●●●\*

(**7030**-6) Diskette für IBM-PC + Kompatible,
mit Begleitheft. ●●●●●\*

(**7031**-4) Diskette für Atari ST 520/1040, mit
Begleitheft. ●●●●● \*

(**7032**-2) Diskette für Amiga, mit Begleitheft.
●●●●●\*

FALKEN-Software
**Vokabeltrainer Englisch**
Von B. Hoppius. (**7001**-2) 2 Disketten für
C 64/C 128 PC mit Begleitheft. ●●●●●*
(**7007**-1) Wendediskette für Atari ST 520/
1040, mit Begleitheft. ●●●●●*
(**7034**-9) Diskette 5 1/4˝ für IBM-PC + Kompatible, mit Begleitheft. ●●●●●*
(**7084**-5) Diskette 3 1/2˝ für IBM-PC + Kompatible, mit Begleitheft. ●●●●●*

FALKEN-Software
**Vokabeltrainer Französisch**
Über 2000 Vokabeln und Redewendungen
frei erweiterbar
(**7018**-7) Systemdiskette u. Wendediskette
für C 64/C 128 PC, mit Begleitheft, (**7019**-5)
Diskette 5 1/4˝ für IBM-PC und Komp., mit
Begleitheft. ●●●●●*

FALKEN-Software
**Je finis, tu finis …**
**maitrise la grammaire française**
Französische Grammatik lernen und
beherrschen
(**7053**-5) Diskette 5 1/4˝ für IBM-PC + Kompatible, mit Begleitbroschüre. ●●●●●*
(**7069**-1) Diskette 3 1/2˝ für IBM-PC + Kompatible, mit Begleitbroschüre. ●●●●●*

FALKEN-Software
**Le monde des affaires en français**
Wirtschaftsfranzösisch leicht gelernt
(**7064**-3) Diskette 5 1/4˝ für IBM-PC + Kompatible, mit Begleitbroschüre. ●●●●●*
(**7068**-3) Diskette 3 1/2˝ für IBM-PC + Kompatible, mit Begleitbroschüre. ●●●●●*

**Besseres Französisch**
Grammatik und Übungen für die Klassen 9
bis 11
(**1039**-7) Von R. Lübke, 114 S., durchgehend
zweifarbig, kartoniert. ●●

FALKEN-Software
**Vokabeltrainer Italienisch**
Über 2000 Vokabeln und Redewendungen
frei erweiterbar
(**7065**-9) Diskette 5 1/4˝ für IBM-PC + Kompatible, mit Begleitbroschüre. ●●●●●*
(**7064**-0) Diskette 3 1/2˝ für IBM-PC + Kompatible, mit Begleitbroschüre. ●●●●●*

FALKEN-Software
**Vokabel Trainer Latein**
Über 2000 Vokabeln und Redewendungen
frei erweiterbar
(**7022**-5) Von B. Hoppius, Wendediskette für
C 64/C 128 PC, mit Begleitheft. ●●●●●*
(**7033**-0) Diskette 5 1/4˝ für IBM-PC + Kompatible, mit Begleitheft. ●●●●●*
(**7085**-3) Diskette 3 1/2˝ für IBM-PC + Kompatible, mit Begleitheft. ●●●●●*

**Schnell und sicher zum Führerschein**
Tips und Tricks aus 30jähriger-Fahrschul-
Praxis.
(**0921**-6) Von O. Einert, 152 S., 156 Farbfotos, 161 z. T. farb. Zeichnungen, kart. ●●

FALKEN-Software
**Schnell und sicher zum Führerschein**
Intensivtraining mit dem amtlichen Fragenkatalog
(**7024**-1) Diskette für Atari ST 520/1040, mit
Begleitheft. ●●●●● *
(**7029**-2) Diskette für Amiga, mit Begleitheft.
●●●●●*

**Erfolgreiche Bewerbung um einen Aus-
bildungsplatz**
(**0715**-9) Von H. Friedrich, 128 S., kart. ●

**Bewerbungsstrategien**
Erfolgreiche Konzepte für Karrierebewußte
(**1027**-3) Von Dr. W. Reichel, 128 S., kartoniert. ●●

Karriereplanung mit System
**Bewerbungsstrategien für erfolgsorien-
tierte Frauen**
(**4455**-0) Von R. Ibelgaufts, 144 S.,
20 Cartoons, Pappband. ●●

**Die Bewerbung**
Der moderne Ratgeber für Bewerbungsbriefe,
Lebenslauf und Vorstellungsgespräche.
(**4138**-1) Von W. Manekeller, 264 S., Pappband. ●●●

**Die erfolgreiche Bewerbung**
Bewerbung und Vorstellung
(**0173**-8) Von W. Manekeller, U. Schoenwald,
144 S., kartoniert. ●●

**Lebenslauf und Bewerbung**
Beispiele für Inhalt, Form und Aufbau
(**0428**- 1) Von H. Friedrich, 112 S., kart. ●

**Erfolgreiche Bewerbungsbriefe und
Bewerbungsformen**
(**0138**-X) Von W. Manekeller, U. Schoenwald,
88 S., kart. ●

**Vorstellungsgespräche**
sicher und erfolgreich führen.
(**0636**-5) Von H. Friedrich, 144 S., kart. ●

**Keine Angst vor Einstellungstests**
Ein Ratgeber für Bewerber.
(**0793**-6) Von Ch. Titze. 120 S., 67 Zeichnungen, kart. ●

FALKEN-Software
**Einstellungstests**
(**7013**-6) Von B. Hoppius, Wendediskette für
C 64/C 128 PC, mit Begleitheft. ●●●● *

**Die ersten Tage am neuen Arbeitsplatz**
Ratschläge für den richtigen Umgang mit
Kollegen und Vorgesetzten
(**0855**-4) Von H. Friedrich, 104 S., kart. ●

**Zeugnisse im Beruf**
richtig schreiben, richtig verstehen
(**0544**-X) Von H. Friedrich, 112 S., kart. ●

So lernt man leicht und schnell
**Maschinenschreiben**
Lehrbuch für Schulen, Lehrgänge und Selbstunterricht. (**0568**-7) Von M. Kempkes, 112 S.,
48 Zeichnungen, kart. ●●

FALKEN-Software
**Maschinenschreiben und Tastaturtraining
für Computer**
(**7009**-8) Von B. Hoppius, Diskette 5 1/4˝ u.
3 1/2˝ für IBM-PC + Kompatible, mit Begleitheft. ●●●●●*

**Maschinenschreiben im Selbstunterricht**
(**0170**-3) Von A. Fonfara, 88 S., kart. ●

**Buchführung leicht gemacht**
Ein methodischer Grundkurs für den Selbst-
unterricht. (**4238**-8) Von D. Machenheimer,
R. Kersten, 252 S., Pappband. ●●●●

**Buchführung leicht gefaßt**
Für Handwerker, Gewerbetreibende und frei-
berufliche Tätige. (**0127**-4) Von R. Pohl,
104 S., kart. ●

**Stenografie leicht gelernt**
im Kursus oder Selbstunterricht
(**0266**-1) Von H. Kaus, 64 S., kart. ●

**Gitarre spielen**
Ein Grundkurs für den Selbstunterricht
(**0534**-2) Von A. Roßmann, 96 S., 1 Schall-
folie, 150 Zeichnungen, kart. ●●●

Das große Buch der
**Antworten auf Kinderfragen**
(**4477**-1) Von H. Hofmann, U. Kopp, G. Janko-
vics u. a., 192 S., 308 Farbzeichnungen,
Pappband. ●●●

Das neue, farbige
**Jugendlexikon**
(**4472**-0) Von J. Frey, D. Rex, 304 Seiten,
269 Farb- u. 52 s/w-Fotos, 6 Farbzeichn.,
Pappband. ●●●

**Das große farbige Kinderlexikon**
(**4195**-0) Von U. Kopp, 320 S., 493 Farbabb.
17 s/w-Fotos, Pappband. ●●●

Die Faszination der Philatelie
**Briefmarken sammeln**
(**4273**-6) Von D. Stein, 212 S., 124 s/w-Fotos,
24 Farbtafeln, Pappband. ●●●

**Briefmarken sammeln**
(**0481**-8) Von D. Stein, 120 S., 4 Farbtafeln,
98 s/w-Abbildungen, kartoniert. ●

**Pfeiferauchen leicht gemacht**
Die richtige Art, Tabak zu genießen
(**1026**-5) Von O. Pollner, 112 S., 125 Farbfotos, 5 zweifarbige-Abb., kart. ●●

**Umweltschutz**
Das Öko-Testbuch zur Eigeninitiative
(**4160**-8) Von M. Häfner, 352 S., 411 Farbfotos, 152 Farbzeichnungen, Pappband.
●●●●

**Münzen**
Ein Brevier für Sammler
(**0353**-6) Von E. Dehnke, 128 S., 4 Farbtafeln,
17 s/w-Abb., kart. ●●

Astronomie im Bild
**Unser Sternenhimmel rund ums Jahr**
(**0849**-X) Von Dr. E. Übelacker, 88 S., 48
Farbfotos, 1 s/w-Foto, 68 Farbzeichn. kart. ●●

**Astronomie als Hobby**
Sternbilder und Planeten erkennen und
benennen.
(**0572**-5) Von D. Block, 176 S., 16 Farbtafeln,
49 s/w-Fotos, 93 Zeichnungen, kart. ●●

Die Handschrift als Spiegel des Charakters
**Graphologie**
(**1025**-7) Von Dr. W. Busch, 104 S.,
87 Schriftproben, kartoniert. ●

**Familienforschung · Ahnentafel ·
Wappenkunde**
Wege zur eigenen Familienchronik
(**0744**-2) Von P. Bahn, 128 S., 8 Farbtafeln.
30 Abbildungen, kart. ●●

**Familienforschung und Wappenkunde**
(**4485**-2) Von P. Bahn, 224 S., 114
zweifarbige Abbildungen, Pappband. ●●●●

Wie Sie im Schlaf das Leben meistern
**Schöpferisch träumen**
Der Klartraum als Lebenshilfe
(**4258**-2) Von Prof. D. P. Tholey, K. Utecht.
280 S., 1 s/w-Foto, 20 Zeich., Pappband.
●●●

**Traumdeutung**
Die Bildersprache unserer Traumwelt
entschlüsseln
(**4486**-0) Von G. Fink, 384 S., 74 zweifarbige
Fotos, Pappband. ●●●●

**Wahrsagen mit Tarot-Karten**
(**0482**-5) Von E. J. Nigg, 112 S., 52 s/w-Abb.,
Pappband. ●

Die 12 Tierzeichen
**Chinesisches Horoskop**
(**0423**-0) Von G. Haddenbach, 88 S., kartoniert. ●

Die 12 Sternzeichen
**Charakter, Liebe und Schicksal.**
(**0385**-X) Von G. Haddenbach, 136 S., kart. ●●

**Partnerschaftshoroskop**
Glück und Harmonie mit Ihrem Traumpartner.
(**0587**-3) Von G. Haddenbach, 112 S.,
11 Zeichnungen, kart. ●

**Im Zeichen der Sterne**
(**0951**-8) Der feurige Widder
(**0952**-6) Der willensstarke Stier
(**0953**-4) Die vielseitigen Zwillinge
(**0954**-2) Der feinfühlige Krebs
(**0955**-0) Der königliche Löwe
(**0956**-9) Die zuverlässige Jungfrau
(**0957**-7) Die charmante Waage
(**0958**-5) Der leidenschaftliche Skorpion
(**0959**-3) Der temperamentvolle Schütze
(**0960**-7) Der treue Steinbock
(**0961**-5) Der selbstbewußte Wassermann
(**0962**-3) Die romantischen Fische
Von G. Haddenbach, 64 S., 35 Farbfotos,
Pappband. ●

# Humor und Unterhaltung

**Heitere Vorträge**
(**0528**-8) Von E. Müller, 128 S., 14 Zeichnungen, kart. ●

**So feiert man Feste fröhlicher**
Heitere Vorträge und Gedichte
(**0098**-7) Von Dr. Allos, 96 S., 15 Abb., kart. ●

**Heitere Vorträge und witzige Reden**
Lachen, Witz und gute Laune
(**0149**-5) Von E. Müller, 104 S., 44 Abb., kart. ●

**Da lacht das Publikum**
Neue lustige Vorträge für viele Gelegenheiten.
(**0716**-7) Von H. Schmalenbach, 96 S., kart. ●

**Gereimte Vorträge**
für Bühne und Bütt.
(**0567**-9) Von G. Wagner, 96 S., kart. ●

**Narren in der Bütt**
Leckerbissen aus dem rheinischen Karneval.
(**0216**-5) Zusammengestellt von T. Lücker, 112 S., kart. ●

**Damen in der Bütt**
Scherze, Büttenreden, Sketche
(**0354**-4) Von T. Müller, 136 S., kart. ●

**Wir feiern Karneval**
Festgestaltung und Reden für die närrische Zeit.
(**0904**-6) Von M. Zweigler, 120 S., 7 Zeichnungen, kart. ●

**Helau und Alaaf 1** Närrisches aus der Bütt.
(**0304**-8) Von E. Müller, 112 S., 4 Zeichnungen, kart. ●

**Helau und Alaaf 2**
Neue Büttenreden für Sie und Ihn
(**0477**-X) Von E. Luft, 96 S., kart. ●

**Helau und Alaaf 3**
Neue Reden für die Bütt.
(**0832**-5) Von H. Fauser, 112 S., 13 Zeichnungen, kart. ●

**Helau und Alaaf 4**
Neue Büttenreden für Sie und Ihn
(**0983**-6) Hrsg. H. Fauser, 96 S., 15 s/w-Zeichn., zahlreiche Vignetten, kart. ●

**Sketche und Blackouts zum Nachspielen**
(**0941**-0) Von E. Cohrs, 112 S., 12 Zeichnungen, kart. ●

**Vorhang auf!**
Neue Sketche für jung und alt.
(**0898**-8) Von H. Pillau, 96 S., 22 Zeichnungen, kart. ●

**Witzige Sketche zum Nachspielen**
(**0511**-3) Von D. Hallervorden, 112 S., kart. ●●

**Tolle Sketche**
mit zündenden Pointen – zum Nachspielen.
(**0656**-X) Von E. Cohrs, 112 S., kart. ●

**Vergnügliche Sketche**
(**0476**-1) Von H. Pillau, 96 S., 7 Zeichn., kart. ●

**Lustige Sketche**
Kurze Theaterstücke für Jungen und Mädchen
(**0669**-1) Von U. Lietz, U. Lange, 96 S., kart. ●

**Spielbare Witze für Kinder**
(**0824**-4) Von H. Schmalenbach, 112 S., 30 Zeichnungen, kart. ●

**Die besten Beamtenwitze**
(**0574**-1) Von W. Pröve, 80 S., 39 Zeichnungen, kart. ●

**Witzig, witzig**
(**0507**-5) Von E. Müller, 128 S., 16 Zeichnungen kart. ●

**Die besten Kinderwitze**
(**0757**-4) Von K. Rank, 112 S., 28 Zeichnungen, kart. ●

**Lach mit!**
Witze für Kinder, gesammelt von Kindern.
(**0468**-0) Von W. Pröve, 96 S., 17 Zeichnungen, kart. ●

# Spiele und Denksport

**Neues Buch der siebzehn und vier Kartenspiele**
(**0095**-2) Von K. Lichtwitz, 96 S., kart. ●

**Alles über Pokern**
Regeln und Tricks.
(**2024**-4) Von C. D. Grupp, 112 S., 29 Kartenbilder, kart. ●

**Romme' und Canasta**
in allen Variationen.
(**2025**-2) Von C. D. Grupp, 88 S., 24 Zeichnungen, kart. ●

**Doppelkopf, Schafkopf,** Binokel, Cego, Tarock und andere Stammtischspiele.
(**2015**-5) Von C. D. Grupp, 112 S., kart. ●

**Black Jack**
Regeln und Strategien des Kasinospiels.
(**2032**-3) Von K. Kelbratowski, 88 S., kart. ●

**Spielend Skat lernen**
unter freundlicher Mitarbeit des Deutschen Skatverbandes.
(**2005**-8) Von Th. Krüger, 120 S., 181 s/w-Fotos, 22 Zeichn., kart. ●

**Patiencen**
In Wort und Bild. (**2003**-1) Von I. Wolter-Rosendorf, 120 S., kart. ●

**Neue Patiencen**
(**2036**-8) Von H. Sosna, 160 S., 43 Farbtafeln, kart. ●●

**Falken-Handbuch Bridge**
Von den Grundregeln zum Turnierspiel.
(**4092**-X) Von W. Voigt und K. Ritz, 280 S., 792 Zeichnungen, gebunden. ●●●●

**Spielend Bridge lernen**
(**2012**-0) Von J. Weiss, 96 S., 58 Zeichnungen, kart. ●

**Präzisions-Treff im Bridge**
(**2037**-6) Von E. Jannersten, 152 S. kart. ●●

**Spieltechnik im Bridge**
(**2004**-X) Von V. Mollo und N. Gardener, deutsche Adaption von D. Schröder, 152 S., kart. ●●●

**Neue Kartentricks**
(**2027**-9) Von K. Pankow, 104 S., 20 Abb., kart. ●

**Das japanische Brettspiel Go**
(**2020**-1) Von W. Dörholt, 104 S., 182 Diagramme, kart. ●

**Mah-Jongg**
Das chinesische Glücks-, Kombinations- und Gesellschaftsspiel. (**2030**-9) Von U. Eschenbach, 80 S., 30 s/w-Fotos, 5 Zeichn., kart. ●

**Backgammon**
für Anfänger und Könner. (**2008**-2) Von G. W. Fink und G. Fuchs, 104 S., 41 Abb., kart. ●

**Das Backgammon-Handbuch**
(**4422**-4) Von E. Heyken, M. B. Fischer, 232 S., 400 Abbildungen, Pappband. ●●●●

**Würfelspiele**
für jung und alt. (**2007**-4) Von F. Pruss, 112 S., 21 s/w-Zeichnungen, kart. ●

**Roulette richtig gespielt**
Systemspiele, die Vermögen brachten.
(**0121**-5) Von M. Jung, 96 S., zahlreiche Tabellen, kart. ●

**Spiele für Party und Familie**
(**2014**-7) Von Rudi Carrell, 80 S., 22 Zeichnungen, kart. ●

**Neue Spiele für Ihre Party**
(**2022**-8) Von G. Blechner, 120 S., 54 Zeichnungen, kartoniert. ●

**Lustige Tanzspiele und Scherztänze**
für Partys und Feste.
(**0165**-5) Von E. Bäulke, 80 S., 53 Abb., kart. ●

Das Spiel mit der Schwerkraft
**Jonglieren**
Mit Bällen, Keulen, Ringen und Diabolo.
(**1009**-5) Von S. Peter, 80 S., 149 Farbfotos, kartoniert. ●

**Magische Zaubereien**
(**0672**-1) Von W. Widenmann, 64 S., 31 Zeichnungen, kart. ●

**Zaubern**
einfach – aber verblüffend.
(**2018**-X) Von D. Bouch, 84 S., 41 Zeichnungen, kart. ●

**Scherzfragen, Drudel und Blödeleien**
gesammelt von Kindern.
(**0506**-7) Hrsg. von W. Pröve, 80 S., 57 Zeichnungen, kart. ●

**Kinderspiele**
die Spaß machen.
(**2009**-0) Von H. Müller-Stein, 104 S., 28 Abb., kart. ●

**Kinderspiele mit Buchstaben und Wörtern**
(**1041**-9) Von Dr. U. Vohland, 96 S., 53 Zeichnungen, kartoniert. ●

**Spiel und Spaß am Krankenbett**
für Kinder und die ganze Familie.
(**2035**-X) Von H. Bücken, 96 S., 97 Zeichnungen, kart. ●

**Spiele im Freien**
(**2038**-4) Von G. Wagner, 88 S., 20 zweif. Zeichnungen, kartoniert. ●

**Spiel und Spaß zu Hause**
(**2039**-2) Von U. Geißler, 80 S., 90 zweifarbige Abbildungen, kart. ●

**Spiel und Spaß auf Reisen**
Für Kinder und die ganze Familie
(**1085**-0) Von U. Geißler, 80 S., 107 zweifarbige Zeichnungen, kart. ●

**Guten Tag, Kinder!**
Neue Texte mit Spielanleitungen fürs Kasperletheater. (**0861**-9) Von U. Lietz, 96 S., 18 s/w-Zeichnungen, kart. ●

**Kasperletheater**
Spieltexte und Spielanleitungen · Basteltips für Theater und Puppen.
(**0641**-1) Von U. Lietz, 114 S., 4 Farbtafeln, 12 s/w-Fotos, 39 Zeichnungen, kart. ●

**Kindergeburtstage, die keiner vergißt**
Planung, Gestaltung, Spielvorschläge.
(**0698**-5) Von G. und G. Zimmermann, 104 S., 80 Vignetten, kart. ●

**Kindergeburtstag**
Vorbereitung, Spiel und Spaß.
(**0287**-4) Von Dr. I. Obrig, 136 S., 40 Abb., 11 Zeichnungen, 9 Lieder mit Noten, kart. ●

**Unvergeßliche Kinderfeste**
Tolle Dekorationen, Spiele, Sketche für drinnen und draußen
(**4457**-7) Von Dr. G. Hennekemper, 192 S., 111 Farbfotos, 214 Farb- und 14 s/w-Zeichnungen, 4 Seiten Schnittmuster, Pappband. ●●●

**Knobeleien und Denksport**
(**2019**-8) Von K. Rechberger, 142 S., 105 Zeichnungen, kart. ●

**Das Super-Kreuzwort-Rätsel-Lexikon**
Über 150.000 Begriffe.
(**4279**-5) Von H. Schiefelbein, 688 S., Pappband. ●●

# Computerbücher und Software

**FALKEN Computer Lexikon**
(4185-3) 312 S., 173 s/w-Fotos, Pappband.
●●●

**Computer-Grundwissen**
Eine Einführung in Funktion und Einsatzmöglichkeiten. (4359-7) Von Chr. T. Wolff, 176 S., 193 Farb- und 12 s/w-Fotos, 37 Computergrafiken, kartoniert. ●●● (4358-9) Pappband. ●●●●

**Daten-Fernübertragung**
Vom Akustikkoppler bis zum lokalen Netzwerk
(4325-2) Von P.C. den Heijer, R. Tolsma, 272 S., zahlreiche Abb., kartoniert. ●●●●●

**Microsoft Excel**
Tabellenkalkulationen, Geschäftsgrafik und Datenbank im Selbststudium für alle Versionen bis 2.1. Mit Tutor-Diskette.
(4333-3) Von P. Vogel, M. Hofmann, 176 S., 112 zweifarbige Abb., kartoniert. ●●●●●

**Desktop Publishing: Typografie und Layout**
Seiten gestalten am PC · für Einsteiger und Profis
(4330-9) Von Dr. H. D. Baumann, M. Klein, 320 S., zahlreiche zweifarbige Abb., Pappband. ●●●●●

**Einführung in Pascal**
Garantiert Pascal lernen durch schrittweise Erarbeitung
(4329-5) Von R. Röder, 270 S., durchgehend zweifarbig, Pappband. ●●●●●

**Einführung in C**
(4336-8) Von A. Janka, P. Welzig, 270 S., zahlreiche Abbildungen, mit Begleitdiskette 5 1/4", Pappband. ●●●●●

PC HELP!
**CONFIG.SYS und AUTOEXEC. BAT Optimale Systemkonfiguration**
(4338-4) Von A. Görgens, 64 S., ca. 50 s/w-Abbildungen und Grafiken, kartoniert. ●●

PC HELP!
**DOS-Kommandos richtig nutzen**
(4339-2) Von A. Görgens, 64 S., ca. 50 s/w-Abbildungen und Grafiken, kartoniert. ●●

PC HELP!
**Dateien retten mit Norton Utilities und PC-Tools**
(4340-6) Von A. Görgens, 64 S., ca. 50 s/w-Abbildungen und Grafiken, kartoniert. ●●

PC HELP!
**Batch-Dateien – DOS-Abläufe selber festlegen**
(4341-4) Von A. Görgens, 64 S., ca. 50 s/w-Abbildungen und Grafiken, kartoniert. ●●

PC HELP!
**Word – Serienbriefe**
(4342-2) Von P. Vogel, 64 S., ca. 50 s/w-Abbildungen und Grafiken, kartoniert. ●●

PC HELP!
**Geschäftsgrafiken mit Lotus 1-2-3**
(4343-0) Von P. Vogel, 64 S., ca. 50 s/w-Abbildungen und Grafiken, kartoniert. ●●

PC HELP!
**Die ersten Schritte mit dem PC**
(4344-9) Von P. Vogel, H. Ebsen, 64 S., ca. 50 s/w-Abbildungen und Grafiken, kart. ●●

PC HELP!
**Mehr Speicher unter DOS nutzen**
(4345-7) Von K.O. Kuhl, 64 S., ca. 50 s/w-Abbildungen und Grafiken, kartoniert. ●●

PC HELP!
**Viren erkennen und beseitigen**
(4346-5) Von M. Hofmann, 64 S., ca. 50 s/w-Abbildungen und Grafiken, kartoniert. ●●

PC HELP!
**dBASE-Relationen richtig nutzen**
(4347-3) Von M. Hofmann, 64 S., ca. 50 s/w-Abbildungen und Grafiken, kartoniert. ●●

PC HELP!
**Termine steuern mit FRAMEWORK III**
(4348-1) Von M. Hofmann, 64 S., ca. 50 s/w-Abbildungen und Grafiken, kartoniert. ●●

PC HELP!
**Listendruck mit dBASE und kompatiblen Programmen**
(4349-X) Von M. Hofmann, 64 S., ca. 50 s/w-Abbildungen und Grafiken, kartoniert. ●●

FALKEN Software
**Einstellungstets**
Die optimale Vorbereitung für Bewerber
(7013-6) Wendediskette für C 64/ 128 PC, mit Begleitheft. ●●●●

FALKEN Software
**Schnell und sicher zum Führerschein**
Intensivtraining mit dem amtlichen Fragenkatalog
(7024-1) für Atari ST 520/1040, mit Begleitheft. ●●●●●
(7029-2) f. Amiga, mit Begleitheft. ●●●●●

FALKEN Software
**Maschinenschreiben und Tastaturtraining für Computer**
(7009-8) Von B. Hoppius, Diskette 5 1/4" u. 3 1/2" für IBM PC + Kompatible, mit Begleitheft. ●●●●●

FALKEN Software
**Musterkorrespondenz in Deutsch, Englisch, Französisch, Italienisch, Spanisch**
(7041-1) Diskette 5 1/4" für IBM-PC + Kompatible, mit Begleitbroschüre. ●●●●●
(7051-9) Diskette 3 1/2" für IBM-PC + Kompatible, mit Begleitbroschüre. ●●●●●

FALKEN Software
**TEXAD**
Text- und Adressenverwaltung
Mit Musterbriefen und Formularen für den privaten und geschäftlichen Bereich
(7017-9) für IBM-PC und Kompatible, Disk, 5 1/4", mit Begleitheft. ●●●●●
(7048-9) Diskette 3 1/2", mit Handbuch. ●●●●●
(7049-7) Demo-Version 5 1/4", ohne Handbuch. ●●
(7050-0) Demo-Version 3 1/2", ohne Handbuch. ●●

FALKEN Software
**DOS-Tutor**
DOS lernen, üben und beherrschen
(7020-9) Diskette 5 1/4" für IBM PC + Kompatible, mit Begleitheft. ●●●●●
(7021-7) Diskette 3 1/2" für IBM-PC + Kompatible, mit Begleitheft. ●●●●●

FALKEN Software
**Wirtschaftsrechnen in Beruf und Alltag.**
(7037-3) Diskette für IBM PC + Kompatible, mit Begleitheft. ●●●●●

FALKEN Software
**Vokabeltrainer Englisch**
Über 2000 Vokabeln und Redewendungen
(7001-2) Disk. für C 64/C 128 PC, mit Begleitheft ●●●●●
(7007-1) Disk. für Atari ST 520/1040, mit Begleitheft. ●●●●●

FALKEN Software
**Take a Trip to Britain**
Spielend Englisch lernen mit dem Computer
(7004-7) Diskette 5 1/4" für C 64/C 128 PC, mit Begleitheft. ●●●●
(7039-X) Diskette 5 1/4" für IBM-PC + Kompatible, mit Begleitheft. ●●●●●

FALKEN Software
**The Grammar Master**
(7002-0) Diskette für C 64/C 128 PC, mit Begleitheft. ●●●●

(7030-6) für IBM PC + Kompatible, mit Begleitheft. ●●●●●
(7031-4) für Atari ST 520/1040, mit Begleitheft. ●●●●●
(7032-2) für Amiga, mit Begleitheft. ●●●●●

FALKEN Software
**From Coast to Coast**
Travelling through the USA
(7040-3) Diskette 5 1/4" für IBM PC + Kompatible, mit Begleitheft. ●●●●●
(7061-6) Diskette 3 1/2" für IBM-PC + Kompatible, mit Begleitheft. ●●●●●

FALKEN Software
**Vokabeltrainer Französisch**
Über 2000 Vokabeln und Redewendungen frei erweiterbar.
(7018-7) Systemdisk. + Wendedisk. für C 64/C 128 PC, mit Begleitheft. (7019-5) Disk. für IBM-PC + Kompatible, mit Begleitheft. ●●●●●

FALKEN Software
**Je finis, tu finis … maîtrise la grammaire française**
Französische Grammatik lernen und beherrschen
(7053-5) Diskette 5 1/4" für IBM-PC + Kompatible, mit Begleitbroschüre. ●●●●●
(7069-1) Diskette 3 1/2" für IBM-PC + Kompatible, mit Begleitbroschüre. ●●●●●

FALKEN Software
**Le monde des affaires en français**
Wirtschaftsfranzösisch leicht gelernt
(7054-3) Diskette 5 1/4" für IBM-PC + Kompatible, mit Begleitbroschüre. ●●●●●
(7068-3) Diskette 3 1/2" für IBM-PC + Kompatible, mit Begleitbroschüre. ●●●●●

FALKEN Software
**Vokabeltrainer Italienisch**
Über 2000 Vokabeln und Redewendungen frei erweiterbar.
(7065-9) Diskette 5 1/4" für IBM-PC + Kompatible, mit Begleitbroschüre. ●●●●●
(7064-0) Diskette 3 1/2" für IBM-PC + Kompatible, mit Begleitbroschüre. ●●●●●

FALKEN Software
**Vokabeltrainer Latein**
Über 2000 Vokabeln und Redewendungen frei erweiterbar.
(7022-5) Von B. Hoppius, 2 Wendedisketten für C 64/C 128 PC, mit Begleitheft. (7033-0) Diskette für IBM-PC + Kompatible, mit Begleitheft. ●●●●●

FALKEN Software
**Börsenfieber**
Spielend spekulieren mit Geld und Aktien
(7016-0) für IBM PC + Kompatible, Diskette 5 1/4", mit Begleitheft. ●●●●●
(7026-8) für C 64/C 128 PC mit Begleitheft. (7027-6) für Atari ST 520/1040, mit Begleitheft. ●●●●●
(7028-4) für Amiga, mit Begleitheft. ●●●●●
(7044-6) für IBM PC + Kompatible, Diskette 3 1/2", mit Begleitheft. ●●●●●
(7038-1) für C 64/128 C Kassette, mit Begleitheft. ●●●●

FALKEN Software
**Börsenfieber**
Über 100 neue Ereignisse
(7066-7) Diskette 5 1/4" für IBM-PC + Kompatible, mit Begleitbroschüre. ●●●
(7067-5) Diskette 3 1/2" für IBM-PC + Kompatible, mit Begleitbroschüre. ●●●

FALKEN Software
**Broker King**
Cash und crash an der Terminbörse
(7057-8) Diskette 5 1/4" für IBM-PC + Kompatible, mit Begleitbroschüre. ●●●●●
(7058-6) Diskette 3 1/2" für IBM-PC + Kompatible, mit Begleitbroschüre. ●●●●●

## Video

**Hobby Aquarellmalen**
Landschaft und Stilleben
**(6022**-X) VHS, 40 Min., in Farbe, mit Begleitheft. ●●●●*

**Hobby Ölmalerei**
Landschaft und Stilleben
**(6025**-4) VHS, 40 Min., in Farbe, mit Begleitheft. ●●●●*

**Basteln mit Kindern**
**(6041**-6) VHS, 60 Min., in Farbe, mit Vorlagen in Originalgröße, mit Begleitheft. ●●●*

**Die Modelleisenbahn**
Anlagenbau in Modultechnik
**(6028**-9) VHS, 30 Min. in Farbe. ●●●●*

**Fit und Gesund**
Körpertraining und Bodybuilding zu Hause
**(6013**-0) VHS, 30 Min., in Farbe, mit Begleitheft. ●●●●*

**Golf**
**(6053**-X) VHS, 60 Min., in Farbe, mit Begleitheft. ●●●●●*

**Pflanzenjournal**
Blumen- und Pflanzenpflege im Jahreslauf
**(6036**-X) VHS, 30 Min., mit Begleitheft.
●●●●*

**Schnitt und Pflege** von Bäumen und Sträuchern
**(6050**-5) VHS, 45 Min., in Farbe, mit Begleitheft. ●●●●*

**Aktfotografie**
Gestaltung/Technik/Spezialeffekte
Interpretationen zu einem unerschöpflichen Thema

**(6001**-7) VHS, 60 Min., in Farbe, mit Begleitheft. ●●●●●*

**Videografieren**
Technik/Bildgestaltung/Schnitt/Vertonung, Filmen mit Video 8
**(6031**-9) VHS,
60 Min., in Farbe, mit Begleitheft. ●●●●●*

**Videografieren perfekt**
Profitricks für Aufnahmetechnik und Nachbearbeitung
**(6042**-4) VHS, **(6043**-2) Beta, **(6044**-4)
Video 8, 60 Min., in Farbe, mit Begleitheft.
●●●●●*

Streicheleinheiten für Körper und Seele
**Partnermassage**
**(6051**-3) VHS, 45 Min., in Farbe, mit Begleitheft. ●●●●●*

**Reiseziel New York**
Die schönsten Sehenswürdigkeiten, präzise Informationen, praktische Tips
**(6048**-3) VHS, 60 Min., in Farbe, mit Begleitheft. ●●●●●*

**Reiseziel Kalifornien**
San Franzisko und die schönsten Ziele in Kalifornien.
Präzise Informationen und praktische Tips
**(6049**-1) VHS, 60 Min., in Farbe, mit Begleitbroschüre. ●●●●●*

**Reiseziel Florida**
**(6054**-8) VHS, 60 Min., in Farbe, mit Begleitheft. ●●●●●*

**Reiseziel Hawaii**
Das Paradies im Stillen Ozean
**(6063**-7) VHS, ca. 60 Min., in Farbe, Timecode, Kompaktreiseführer mit Panoramakarte im Taschenformat. ●●●●●*

**Info-Tour USA**
Die Highlights aus dem
FALKEN Reiseprogramm
**(6060**-2) VHS, 30 Min., in Farbe, mit Begleitheft. ●*

**Reiseziel USA**
**(6055**-6) VHS, 60 Min., in Farbe, mit Begleitheft. ●●●●●*

**Reiseziel Irland**
**(6059**-9) VHS, 60 Min., in Farbe, mit Begleitheft. ●●●●●*

**Reiseziel Norwegen**
Rundreise zu den schönsten Fjorden, präzise Informationen, praktische Tips.
**(6058**-0) VHS, ca. 60 Min., in Farbe, Timecode, Kompaktreiseführer mit Panoramakarte im Taschenformat. ●●●●●*

**Reiseziel Kanarische Inseln**
Schöne Strände, interessante Exkursionen
**(6064**-5) VHS, ca. 60 Min., in Farbe, Timecode, Kompaktreiseführer mit Panoramakarte im Taschenformat. ●●●●●*

**Reiseziel Thailand**
**(6065**-3) VHS, ca. 60 Min., in Farbe, Timecode, Kompaktreiseführer mit Panoramakarte im Taschenformat. ●●●●●*

**Reiseziel Berlin**
Kultur, Shopping, Erlebnis
**(6067**-X) VHS, ca. 60 Min., in Farbe, Timecode, Kompaktreiseführer mit Panoramakarte im Taschenformat. ●●●●●*

**Körpersprache**
verstehen und deuten
**(6046**-7) VHS, 60 Min., in Farbe, mit Begleitheft. ●●●●●*

**Das erfolgreiche Vorstellungsgespräch**
**(6047**-5) VHS, 60 Min., in Farbe, mit Begleitheft. ●●●●●*